HUMAN MIND

사람의 마음을 얻기 위해

사람의 마음
HUMAN MIND

우데카 지음

빛의생명나무

3부. 사람의 마음 속 하늘의 마음

6부. 영성의 시대를 열기 위해

사람의 마음

사람의 마음에는
사람의 마음과 하늘의 마음이 함께 있습니다.

사람의 마음을 얻기 위해서는
사람의 마음속에 있는 사람의 마음을 얻어야 합니다.
사람의 마음끼리 동기감응하는 것을
인지상정이라고 합니다.

사람의 마음을 얻기 위해서는
사람의 마음속에 있는 하늘의 마음을 얻어야 합니다.
사람의 마음속에 있는 하늘의 마음을 얻는 것을
옛날 우리 조상들은
민심을 얻은 사람은 천심을 얻은 것이라 하였습니다.

사람의 마음을 온전하게 얻기 위해서는
사람의 마음속에 있는 사람의 마음과
사람의 마음속에 있는 하늘의 마음
두 가지를 함께 얻어야 합니다.

사람의 마음에는
여리고 여린 인간의 마음이 있습니다.
사람의 마음에는
하늘을 잊어버리고
사람의 마음만으로 살고 있는 땅의 사람이 있습니다.
사람의 마음에는
하늘을 품지 못하고
우주를 품지 못하고
우물 안 개구리로 살면서
보이는 것만을 믿으며 살고 있는
하늘을 잃어버리고 살고 있는 하늘 사람들이 있습니다.

사람의 마음속에
하늘을 품고 사는 하늘 사람이 있습니다.
사람의 마음속에
하늘을 모시고 사는 하늘 사람이 있습니다.
사람의 마음속에
우주를 품고 살고 있는 하늘 사람이 있습니다.

사람의 마음을 얻기 위해
애쓰는 사람이 참 많습니다.
서로의 마음을 얻기 위해
애쓰면서 힘겹게 살고 있습니다.

사람의 마음을 얻기 원하십니까?
사람의 마음을 얻어 무엇을 하시려 하십니까?
당신이 얻고자 하는 누군가의 마음은
누군가의 마음속에 있는 사람의 마음입니까?
아니면 누군가의 마음속에 있는 하늘의 마음입니까?

누군가의 마음을 얻었다고 생각하십니까?
당신이 얻은 누군가의 마음은
그 사람의 마음속의 사람의 마음입니까?
아니면 그 사람의 마음속에 있는 하늘의 마음입니까?

여인의 마음을 훔치려 하십니까?
여인의 마음을 강제로 얻으려 하십니까?
그렇게 해서 여인의 마음속에 있는
하늘의 마음을 훔칠 수 있다고 생각하십니까?
그렇게 해서 남자의 마음을 훔쳐서
어디에 쓰려고 하십니까?
그렇게 해서 남자의 마음속에 있는
하늘의 마음을 얻을 수 있다고 생각하십니까?
사람의 마음속에는
내 마음대로 되지 않는
하늘만이 움직일 수 있는
하늘이 태어날 때 인생의 프로그램으로 심어놓은
하늘의 마음이 있습니다.

사람의 마음속에는
누구도 함부로 할 수 없으며
누구도 어찌할 수 없으며
하늘만이 움직일 수 있도록
하늘이 인생의 프로그램(팔자)으로 심어놓은
우주의 프로그램인
우주의 마음이 있습니다.

사람과 사람들 사이에 있는
인간의 마음을 얻는데
힘들어하는 사람이 많아도 너무 많습니다.

사람과 사람 사이에 있는
사람의 마음을 얻는 것도 이렇게 힘든데
사람마다 다르게 심어놓은
하늘의 마음을 얻는다는 것은
이적과 기적이 일어나는 것만큼 어려운 일입니다.

사람의 마음을 얻기는 정말 어려운 것입니다.
사람의 마음을 움직인다는 것 또한
하늘의 마음을 움직이는 것만큼 어려운 일입니다.
이것도 모르면서
아무것도 모르면서
사람의 마음을 얻으려는 시도없이

하늘의 마음을 얻기 위해
신의 마음을 얻기 위해
깨달음을 얻기 위해
신통력을 얻기 위해
애쓰고 있는 수행자들이
많아도 너무 많습니다.

사람의 마음에는
사람의 마음이 살고 있습니다.
사람의 마음에는
하늘의 마음이 함께하고 있습니다.
사람의 마음에는
우주의 마음이 함께하고 있습니다.

당신이 지금 얻고자 하는 사람의 마음은
사람의 마음입니까?
아니면
하늘이 심어놓은
하늘의 마음입니까?

아니면
우주의 마음을
대우주의 전체의식과 연결된
우주의 마음을 얻으려 하십니까?

사람의 마음과
하늘의 마음과
우주의 마음들이 함께 작용하며
인간의 인연법들이 우연을 가장하여 펼쳐지고 있는 것이
인간이 산다는 것이 갖는 삶의 무게인 것입니다.

사람의 마음을 얻기 위해
애만 쓰고 있는 하늘 사람에게
하늘의 마음을 잊어버리고
사람의 마음만 얻으려고
애만 쓰고 있는 하늘 사람들을 위해
서로의 마음을 얻기 위해
애쓰고 있는 당신을 위해
우데카 팀장이 이 글을 드립니다.

인류의 건승을 빕니다.

2019년 1월
우데카

제1부

사람의 마음을 얻기 위해

사람은 사람 속에서 사랑을 찾고 있습니다.

사람은 사람 속에서 진실을 찾고 있습니다.

사람은 사람 속에서 빛을 찾고 있습니다.

의식이 깨어나고 있는 당신은

많은 사람들을 품을 수 있는 당신은

마음의 정원에 꽃을 피운 사람이며

세상에 빛을 공급하는 빛의 공급처입니다.

사랑이 있는 곳에는

사랑이 있는 곳에는
빛이 있습니다.
빛이 있는 곳에는
요정들이 머물고 있으며
천사들이 머물고 있습니다.

사랑이 있는 곳에는
빛이 있으며
빛이 있는 곳에는
천만 대군의 천사님들이
늘 함께하시니
이루지 못할 일이 아무것도 없습니다.

사랑이 있는 곳에는
사람의 마음속에 심어 놓은
하늘의 마음이 작동되는 곳입니다.
하늘의 마음이 있는 곳에는
극복하지 못할 편견이 없으며
이해가 잘못되어 생기는 오해가
이해가 되고 용서가 됩니다.

사랑이 있는 곳에는
사람의 마음속에 심어 놓은
하늘의 마음이 작동되는 곳입니다.
사랑이 있는 곳에는
사람과 사람 사이에
감출 것도 없으며 포장할 것도 없으며
아무런 조건없이
맨 살 맨 몸으로도
서로를 느낄 수 있습니다.

사랑이 있는 곳에는
사람의 마음속에 심어 놓은
하늘의 마음이 작동되는 곳입니다.
사랑이 있는 곳에는
희생하는 삶의 가치가 작동되는 곳이기에
더 많이 베풀지 못해 안타까워하고
더 많이 나눠주지 못해 미안해하는 곳이기에
사람의 향기가 나는 곳입니다.

사랑이 있는 곳에는
사람의 마음속에 심어 놓은
하늘의 마음이 작동되는 곳입니다.
사랑이 있는 곳에는
연민의 마음이 작동되는 곳이기에
아름다움과 추함의 구분이 사라지는 곳이며

너와 나의 구분이 사라지는 곳이며
서로가 서로를 위해 꽃이 되는 곳입니다.

사랑이 있는 곳에는
사람의 마음속에 심어 놓은
하늘의 마음이 작동되는 곳입니다.
사랑이 있는 곳에는
자비의 마음이 작동되는 곳이기에
옳고 그름의 분별심을 넘어설 수 있는 곳이며
의식의 확장이 일어나는 곳이며
서로가 서로를 향해 꽃이 되는 곳입니다.

꽃 중의 꽃은
사람의 마음속에 피는 사랑의 꽃이라
사랑이 있는 곳에는
하늘이 심어 놓은
사랑꽃이 피어나는 곳입니다.

사랑이 있는 곳에는
사람의 마음속에 심어 놓은
하늘의 마음이 작동되는 곳입니다.
사랑이 있는 곳에는
염치가 작동되는 곳입니다.
염치가 작동되는 곳이기에
인간에 대한 예의가 지켜지는 곳입니다.

사랑이 있는 곳에는
사람의 마음속에 심어 놓은
하늘의 마음인 양심이 작동되는 곳입니다.
사랑이 있는 곳에는
양심이 작동되는 곳이기에
내가 나를 믿을 수 있으며
내가 타인을 믿을 수 있는 것입니다.

사랑이 있는 곳에는
사람의 마음속에 심어 놓은
하늘의 마음이 작동되는 곳입니다.
사랑이 있는 곳에는
상식이 작동되는 곳이기에
서로가 서로의 마음을 예측할 수 있으며
서로가 서로의 마음을 이해할 수 있습니다.

꽃 중의 꽃은
사람의 마음속에 피는 하늘의 꽃이라
꽃 중의 꽃은
사람의 마음속에 피는 사랑의 꽃이라

사람의 그늘

외롭지 않고
힘들지 않고
마음을 쉬고 싶어하지 않는 사람은
아무도 없습니다.

아프지 않은 사람은 없습니다.
힘들지 않은 사람은 없습니다.
사연이 없는 사람은 아무도 없습니다.

사람들은 서로에게 길을 묻고 있습니다.
사람들은 서로에게서 길을 찾고 있습니다.
사람들은 서로가 닫힌 마음의 문을 열기 위해 애를 쓰고 있습니다.

사람들은 사람의 향기를 맡고 싶어합니다.
사람들은 늘 좋은 사람을 찾고 있습니다.
사람은 사람 속에서 늘 진실을 찾고 있습니다.
사람은 사람 속에서 진리를 찾고 있습니다.

사람은 사람 속에서 사랑을 찾고 있습니다.
사람은 사람 속에서 사랑을 구하고 있습니다.
사람들은 서로 사랑 받기를 원하고 있습니다.

사람은 사람 속에서 빛을 찾고 있습니다.
사람은 사람 속에서 빛이 되고 싶어합니다.

사람은 사람 속에서 그늘을 찾고 있습니다.
사람은 누군가에게 그늘이 되어 주기도 하며
사람은 누군가의 그늘에서 머물기도 하면서 살고 있습니다.

같은 길을 가는 사람들끼리
길을 가다 만나는 사람에게도
길을 잃은 사람에게도
쉬었다 갈 수 있는
그늘이 되어 주시기 바랍니다.

예부터 사람 그늘이
제일이라 했습니다.
누군가가 내 그늘 속에 쉬어 갈 수 있게
편하게 쉬어 갈 수 있게
한 여름의 햇볕을 피할 수 있는
좋은 그늘이 있는 느티나무와 같은
사람이 되어 주십시오.

위로만 자라는 나무는
그늘이 없습니다.
혼자서만 자라는 나무는
그늘이 없습니다.

꽃향기는 10리를 가고
사람 그늘은 300리를 간다고 했습니다.
그늘 중에 제일은 사람 그늘임을 잊지 마시기 바랍니다.

마음을 다친 사람들에게
마음이 닫힌 사람들에게
마음 둘 곳이 없어 방황하는 사람들에게
기꺼이 마음 한 자락을 내어줄 수 있는
둥구나무가 되어 주십시오.

마음이 따뜻한 당신은
마음에 빛이 있는 사람입니다.
누군가가 당신의 그늘에서 쉬어 가고 있다면
당신은 빛이 있는 사람입니다.

의식이 깨어나고 있는 당신은
마음의 정원에 꽃을 피운 사람입니다.
의식이 깨어난 당신은
많은 사람들을 가슴에 품을 수 있는 당신은
세상에 빛을 공급하는 빛의 공급처입니다.

의식이 깨어난 당신은
파라다이스에 있는 빛의 생명나무와도 같은
귀하고 귀한 존재입니다.

서로가 서로에게 진실이 되어 주십시오.
서로가 서로에게 진리가 되어 주십시오.
서로가 서로에게 참 좋은 사람이 되어 주십시오.
서로가 서로에게 사랑이 되어 주십시오.
서로가 서로에게 빛이 되어 주십시오.

사람은
사람의 그늘에서 쉬어야 합니다.
사람은
사람 속에서 살맛나는 세상을 느낄 수 있습니다.
사람은
사람 속에서 행복의 나라로 갈 수 있습니다.

길을 잃고 쉴 곳을 찾는 사람들에게
사람 속에서 빛을 찾는 사람들에게
철이 들어가고 있는 당신의 자녀들을 기다려 준 것 같이
힘들고 지친 사람들을 위해
길을 잃고 방황하는 사람들을 위해
서로에게 참 좋은 당신이 되어 주시기 바랍니다.
그늘 중에 최고의 그늘은 사람의 그늘입니다.

당신의 그늘 속에 잠시 쉬어가던 누군가는
당신보다 더 큰 그늘이 되어
세상을 다 품고도 남을
큰 나무가 되어 있을지도 모릅니다.

당신의 그늘 속에서 머물던 누군가가
이 우주를 다 품고도 남을
큰 나무가 되어 있을지도 모릅니다.

서로가 서로에게
좋은 그늘이 되어 주시길 바랍니다.
서로가 서로에게
참 좋은 사람이 되어 주시길 바랍니다.
서로가 서로에게
빛이 되어 주시기 바랍니다.

이것이 지구 행성의 미래이며
인류의 미래이며
인류를 통한 우주의 미래입니다.

인류의 건승을 빕니다.

삶의 의미를 부여잡고 싶었을 때

어떻게든 살아보겠다고
발버둥 쳤을 때

내 곁에 아무도 없다는 것이 하도 서러워
꼬박 며칠 밤을 가슴 쓸어내리며
울어야 했을 때

그래도 무슨 미련이 남았다고
살고 싶었을 때

어디로든 떠나지 않고는 버틸 수 없어
허공에 발을 내딛은 지난 몇 달 동안
사랑하고 싶어도
사랑할 사람이 없었으며
사랑받고 싶어도
사랑해 줄 사람이 없었다.

살아남기 위해서는
누군가가 필요했으며
필요한 누군가가
나의 사랑이어야 했다.

그립다는 것이
그래서 아프다는 것이
내 삶을 지탱하는 버팀목이 되었다는 것을
혼자가 되고부터 알았다.

배은미 <긴 아픔을 가진 사람은 안다>

* * * * * * * * * *

내 옆에서 웃고 있는 누군가가
내 옆에서 창밖을 쓸쓸하게 바라보고 있는 누군가가
어제 술자리에서 밝게 웃고 있던 누군가가
바로 나 자신일 수 있습니다.

내 옆에서 식사를 함께 하던 누군가가
내 옆에서 함께 공부를 하던 누군가가
내 옆에서 함께 영화를 보던 누군가가
어제 술자리에서 표정이 어두웠던 누군가가
바로 나 자신일 수 있습니다.

늘 누군가와 함께 살면서도
아무도 찾지 않는
외로운 섬으로 살고 있는 나를 봅니다.
늘 누군가와 함께 있으면서도
외로움에 몸서리치고 있는 나를 봅니다.

내 삶의 의미를 부여잡고 싶을 때
사람이 그리워지는 법입니다.
내 삶의 의미를 부여하고 싶을 때
책 한권은 그때 필요한 법입니다.

내 삶의 의미를 부여잡고 싶을 때
사랑이 필요한 법입니다.
내 삶의 의미를 찾고 싶을 때
변화가 필요한 때입니다.

내 삶의 의미를 잃어버리고 살고 있을 때
늘 그 자리에서 나를 지켜보고 기다려주는
누군가가 필요한 법입니다.
내가 삶에서 길을 잃고 방황을 하고 있을 때
누군가가 함께 곁에 있어주는 것만으로
당신은 아름다운 사람입니다.

길을 잃은 사람은
거칠고 지쳐 있습니다.
길을 잃은 사람은
자기 자신을 이해하지 못해
자기 자신을 용서하지 못해 괴로워합니다.

길을 잃은 사람은
삶의 의미를 부여잡고 싶어합니다.

길을 잃은 사람만이
삶의 의미를 부여하고 싶어합니다.
어떻게든 살아보겠다고 애쓰는 사람들은
자신의 길을 찾아가고 있는 사람입니다.

내가 누군가에게
아름다운 꽃이 될 필요는 없습니다.
내가 모든 사람들에게
아름다운 꽃이 될 필요는 없습니다.
지치고 힘든 누군가가
잠시 쉬었다 갈 수 있도록
그 자리에 있어주면 되는 것입니다.

내 아이가 행복해지기 위해선
이웃집 아이도 함께 행복해야 하는 것이
사랑의 법칙입니다.

소리없이 아파할 수밖에 없는 꽃망울들이
추위와 바람앞에서
삶의 의미를 부여잡고 있는 사람들끼리
서로에게 작은 희망을 걸어봅니다.

소리없이 아파할 수밖에 없는 꽃망울들이
추위와 비바람을 이겨낼 때
꽃은 무더기로 피어나게 될 것입니다.

꽃은 무더기로 피어있어야
더 아름다운 법입니다.

삶의 의미를 부여잡고 싶은 그대에게...

타인을 위한 꽃 한 송이

우리 몸에는 백혈구가 있습니다.
이 친구는 우리 신체에 이상한 병균이 들어오면
그 침입자를 몸 밖으로 밀어내는 역할을 합니다.
그런데 백혈구가 침입자를 처리하는 모습을 보면
참 아름다운 사랑이 느껴집니다.

"넌 왜 그렇게 더럽니?"
"넌 쓸모없는 존재야!"
백혈구는 병균에게 심한 욕설을 하는 일도 없고
그렇다고 무작정 싸워서 무찌르는 일도 없습니다.

백혈구는 병균이 들어오면
아주 깊은 사랑으로 그를 감싸준다고 합니다.
그 침입자는 백혈구의 따뜻한 사랑에 감동해서
그렇게 스스로 자신을 해체하거나
녹아 버린다는 것입니다.

보기 싫든 지저분하든 가리지 않고
백혈구는 자신의 몸이 썩어 들어가는 줄도 모른 채
그렇게 다 껴안아 준다는 것입니다.

다 준다는 것
당신 자신의 것마저도 다 꺼내줄 수 있다는 것
그것은 차마 쉬운 일이 아닐 겁니다.
사랑이 그리 쉬운 거라면
이 세상의 눈물은 이미 말랐을 테지요.

미움과 슬픔과 아픔과 증오마저도 결국
당신 안에서 그대로 녹아 사라지길 바랍니다.

바다같은 마음
당신 안에 그런 바다 하나쯤은 갖고 계시겠지요.

김현태 산문집 <문득, 당신이 그립습니다> 중에서

* * * * * * * * * *

생화학 이론이나 면역학적인 진실여부를 떠나
백혈구의 작용을 이렇게 해석할 수도 있겠구나하는 생각이 듭니다.
이 글을 읽고 실제로 백혈구가
그럴 수도 있겠다는 생각이 들게 하는
문학적 상상력이 풍부한 좋은 글이라 느껴집니다.
사랑의 본질을 느끼게 하는 좋은 글입니다.

타인을 위한 꽃 한 송이를 피우려는 의식을 가진 사람을
빛의 일꾼이라고 합니다.

남을 위해 꽃 한 송이를 피우겠다고
이 땅에 내려온 사람들을
우리는 빛의 일꾼이라고 합니다.
영혼이 물질 세상의 모든 것들을 졸업하고
타인을 위한 연꽃 한 송이를 피우겠다고
이 땅에 내려온 보살들과 부처들을
우리는 빛의 일꾼들이라 부릅니다.

사랑을 주기 위해서
사랑을 나누어 주기 위해서
더 많은 사랑을 베풀기 위해서
아낌없이 아낌없이 사랑을 베풀기 위해서
창조주의 빛 한 줄기를 가슴에 품고
이 땅에 내려온 영혼들을
우주에서는 아보날 그룹이라 합니다.

지구 행성의 차원상승을 위해
지구 행성의 물질문명을 종결짓기 위해
문명 종결자로 이 땅에 내려온 하늘 사람들을
빛의 일꾼이라 합니다.

사랑의 본질을 배우기 위해
사랑의 본질을 잊지 않기 위해
사랑의 본질을 실천하기 위해
백혈구와 같은 사랑을 실천하기 위해

조건없는 사랑을 배우고 실천하기 위해
빛의 일꾼들은 이 땅에서 가장 낮은 곳에서
평범한 사람으로 살고 있습니다.
내 이웃에 부처가 살고 있으며
내 이웃에 보살이 살고 있으며
내 이웃에 성자가 살고 있지만
우리는 그를 알아보지 못하고
살 수밖에 없는 것이
세상의 이치이자
하늘이 일하는 방식입니다.

이제는 때가 되어
하늘이 꼭꼭 숨겨놓은 진짜 보물들이
자신이 보물인지 알아보고 깨어나는
만인성불의 시대가 도래하고 있습니다.

이제는 때가 되어
하늘의 소리를 듣고
자신이 하늘 사람이라고
스스로 공명하는
하늘 사람들의 의식이 깨어나고 있습니다.

이제는 때가 되어
빛의 일꾼들의 의식이 깨어나
자신이 있어야 할 곳에서

자신이 가야할 곳에서
하늘의 일을 하기 시작할 때가 되었습니다.

타인을 위한 꽃 한 송이는
고통없이 인내없이 피울 수 없습니다.

타인을 위한 꽃 한 송이를 피우기 위해
인고의 세월과
참 아픈 세월을 보내고 있는
하늘 사람들인
빛의 일꾼들의 건승을 빕니다.

꽃길을 걷고 있는 그대에게

꽃길을 걷고 있을 때
이 길이 꽃길임을 아는 사람은
말이 통하는 사람입니다.

꽃길을 걷고 있을 때
길가에 피어 있는 꽃들에게
마음의 인사라도 나눌 수 있는 사람은
말이 통하는 영혼을 가진 사람입니다.

꽃길을 걷다가
꽃들이 들려주는 소리를
들을 수 있는 사람은
꽃길이 그리 길지 않다는 것을
그냥 아는 사람은
늘 깨어있는 사람입니다.

꽃길을 걷고 있을 때
나비와 벌들이 날아오고 날아가는 곳이
어디인지를 아는 사람은
지혜로운 사람입니다.

꽃길을 걷고 있을 때
날고 있는 나비와 벌들이
나를 따라오고 있음을 아는 사람은
자신이 걷고 있는 이 길이
꽃길임을 아는 사람입니다.

꽃길을 걷고 있을 때
날고 있는 나비와 벌들이
내 곁에 머물지 않는다는 것을 아는 사람은
꽃길과 내가 잠시 동행하고 있다는 것을 아는
지혜로운 사람입니다.

꽃길을 걷고 있을 때
이 길에 왜 한가지 꽃만 피어있지
의문을 가진 사람은
누가 이 꽃길을 왜 가꾸었는지 아는 사람입니다.

꽃길을 걷고 있을 때
이 길에 왜 한가지 꽃만 피어있지 하고
생각할 줄 아는 사람은
이 꽃길을 왜 걷고 있는지 아는 사람입니다.

꽃길을 걷고 있을 때
이 길에 내가 좋아하는 꽃으로만
가득 차 있다면

누가 왜 나를 위해 이 꽃길을 준비해 두었을까
생각할 줄 아는 사람은
꽃길을 오래도록 걸을 수 있는
자격이 있는 사람입니다.

꽃길을 걷다보면
내가 걷고 있는 이 길이
꽃길임을 잘 모릅니다.
꽃길을 걷다보면
내가 살고 있는 이 곳이
꽃밭임을 잘 모릅니다.

꽃길을 걷다보면
다른 꽃길이 더 예뻐보일 때가 있습니다.
꽃길을 걷다보면
다른 꽃이 더 예뻐보이기도 합니다.

꽃길을 걷다보면
자신의 꽃밭에 정성을 다해
물을 주는 사람을 발견하기도 합니다.
꽃길을 걷다보면
남의 꽃밭을 정성을 다해
물을 주고
가꾸는 사람을 보기도 합니다.

꽃길을 걷다보면
내 꽃밭에서 놀고 있는
나비와 벌이 쉴 곳을 마련해 주기도 합니다.
꽃길을 걷다보면
남의 꽃밭에서 꿀을 따고 있는
나비와 벌을 보고 화를 내기도 합니다.

당신이 걷고 있는 꽃길을 위해
누군가는 당신에게 꽃이 되어 주었습니다.
당신이 걷고 있는 꽃길을 위해
누군가는 당신에게 꽃밭이 되어 주었습니다.
당신이 걷고 있는 꽃길을 위해
당신의 향기를 돋보이게 하기 위해
누군가는 당신을 찾아오는 나비와 벌이 되어 주었습니다.

당신이 걷고 있는 그 꽃길을 위해
참 많은 꽃들이
당신을 위해 피는 꽃으로 살아야 했습니다.
당신이 걷고 있는 그 꽃길을 위해
누군가는 지금도
당신의 꽃밭을 가꾸고 있음을
기억하시기 바랍니다.

꽃길을 걷고 있을 때
이 길이 꽃길임을 잊어 버립니다.

꽃길을 걸어본 적이 없다면
당신은 꽃길을 걸어본 적이 있는 사람입니다.

꽃길을 걸어본 적이 없다면
당신은 타인을 위해
꽃길이 되어 주기로 약속한 꽃입니다.

지금까지
꽃길을 한번도 걸어본 적이 없다면
당신을 위해 피어줄 꽃들이
무더기로 준비되어 있음을 전합니다.

지금까지는
한번도 꽃이 되어 보지 못한 꽃들을 위한
꽃길의 시간이었습니다.

누구나 꽃이 피는 시기가 다릅니다.
한번도 꽃길을 걸어보지 못한
그 꽃들을 위한
꽃들의 잔치가 시작되고 있음을 전합니다.

타인을 위해 꽃 한 송이를 피울 수 있어야
나의 마음의 꽃밭에도
꽃 한 송이를 피울 수 있는 것이
세상의 이치입니다.

타인을 위한 꽃 한 송이를 조건없이 피울 수 있어야
당신의 꽃밭에 무더기로 꽃을 피울 수 있는 것이
우주의 순리입니다.

이제는 때가 되어
꽃들의 잔치가 시작되었음을 전합니다.
하늘이 씨를 뿌리고
당신의 마음의 밭에
당신이 가꾸어 놓은
꽃밭들의 품평회가 시작되었음을 전합니다.

타인을 위한 꽃 한 송이를 피우기 위해
애쓰고 애쓴
하늘 사람들을 위한
꽃길이 시작되고 있음을 전합니다.

한번도 꽃길을 걸어본 적이 없는
하늘 사람들과
빛의 일꾼들의 마음에
하늘의 꽃인 무궁화가
무더기로 피기 시작하였음을 전합니다.

하늘 사람들에게 약속한
꽃길이 준비되었음을 전합니다.

하늘을 가슴에 품고 살고 있는
하늘 사람들에게
당신과 하늘 사이의 언약의 상징인
하늘의 꽃인 무궁화가
무더기로 피었음을 전합니다.

새 하늘과 새 땅에서
꽃길을 걷기로 약속한 하늘 사람들에게
꽃길이 시작되었음을 전합니다.

마음의 저울

마음에는
두 개의 저울이 있습니다.
한쪽에는 내가 남에게 준 것이 있고
다른 한쪽에는 남에게 받은 것이 있습니다.

마음에는
두 개의 저울이 있습니다.
한쪽에는 내가 살면서
남에게 준 상처가 있고
한쪽에는 내가 살면서
남에게 받은 상처가 있습니다.

이 저울은 신기하게도
느낌이라는 형태로 기억되기 때문에
늘 남에게 준 것보다는
남에게 받은 것이 늘 부족하게 느낍니다.
이 저울은 신기하게도
자기중심적으로 작동되기 때문에
영점 조정이 되지 않은 고장난 저울입니다.
그래서 마음의 저울은 늘 한쪽으로 기울어져 있습니다.

우리는 이 고장난 마음의 저울로
세상을 보고 느끼고 판단하며 살아가고 있습니다.
고장난 마음의 저울로 인하여
자신의 문제를 과장을 하거나
자신의 문제는 전혀 눈치채지 못하게 됩니다.
늘 자신에게 만족하지 못하고
늘 타인에게 불만과 불평을 하게 됩니다.

마음의 저울이 기울어져 있기에
더 많은 것을 가지고 싶어하고
더 높은 곳에 오르기를 원합니다.
마음의 저울이 기울어져 있기에
더 많이 베풀고
더 많이 나누어주지 못해 미안해하고
더 많이 베풀지 못해 안타까워하는
사랑의 법칙을 쉽게 잊어버립니다.

마음이 기울어질수록
내가 남에게 준 것만이 더 크게 다가오게 됩니다.
마음이 기울어질수록
내가 받은 상처만 기억되고
내가 준 상처는 너무 쉽게 잊어버리게 됩니다.
마음이 기울어질수록
실망과 배신과 분노의 에너지를 더 많이
삶에서 체험하게 됩니다.

마음의 저울이 불완전해서
그런 것일 수도 있겠지만
이 저울이 작동되는 방식이
지극히 자신의 의식 수준에서 결정되는
특징이 있기 때문입니다.

마음의 저울은 그 사람의 양심의 저울입니다.
마음의 저울은 그 사람의 의식의 층위에서 결정됩니다.
마음의 저울은 그 사람의 가치관에서 나오는 저울이기에
작동되는 방식이 사람마다 다릅니다.

이렇게 불합리한 마음의 저울이
스스로 무게의 균형추를 맞추는데 작용되는
두 개의 원리가 있는데
그것은 사랑의 에너지와
순수한 마음인 진실한 마음을 통해
그 균형을 맞춘다고 합니다.

진실한 말 한마디와
진실함이 배어있는 행동과
순수한 동기에서 나온 작은 친절 하나와
순수한 동기에서 나온 말 한마디는
그동안 기울어져 있던 마음의 저울을
수평으로 되돌리는 강력한 힘을 가지고 있습니다.

사람의 마음의 문을 연다는 것은
쉬운 일이 아닙니다.
사람의 마음을 움직인다는 것은
결코 쉬운 일이 아닙니다.
사람의 마음을 얻는다는 것은
결코 쉬운 일이 아닙니다.

내가 나를 감동시키지 못하면
타인을 감동시키지 못합니다.
내가 나를 설득시키지 못하면
타인의 마음을 움직일 수 없습니다.

내가 나의 부끄러움을 극복해야
기울어진 마음의 균형을 바로잡을 수 있습니다.
내가 나를 객관적으로 인지할 수 있을 때
뽐내고 싶어하는 내가 아닌
더 나누어 주지 못해 미안해하는
사랑의 에너지를 꺼내 쓸 수 있는 것입니다.

내가 에고로 가득 찬 나를 볼 수 있을 때
내가 부정성으로 가득 찬 나를 볼 수 있을 때
바늘 하나 꽂을 틈도 없이 완고해져 있는
나를 보며 부끄러움을 느낄 수 있을 때
순수한 마음에서 나오는 진실을
비로소 꺼내 쓸 수 있게 되는 것입니다.

순수한 동기에서 나오는 진실함과
조건없는 사랑만이
나의 의식을 확장시킬 수 있으며
삐딱해진 나의 마음을 바로잡을 수 있습니다.

더 나누어주지 못해 안타까운 마음만이
이해득실을 따지지 않는 순수한 마음만이
나를 감동시킬 수 있으며
나를 감동시킬 수 있는 사람만이
타인의 마음을 움직일 수 있습니다.

사랑의 마음과 진실이야말로
세상을 이롭게 하고
나 자신을 이롭게 하는 원천입니다.

오늘은
마음의 수평 저울을 한번 맞춰 보십시오.
늘 빚이 있다고 느끼는 분들에게
늘 미안하다고 느끼고 있는 분들에게
용기를 내어
작은 관심과
작고 사소한 친절이라도 베풀어 보십시오.

길거리에 떨어진 휴지 하나를 줍는 것도
공동체에 대한 믿음이 있기에 가능한 것입니다.

당신이 자신의 부끄러움을 넘어
누군가에게 용기를 낼 수 있다는 것은
그 사람에 대한 믿음 없이는 불가능한 것입니다.

누군가에게 용기를 내어
자신의 마음을 표현한다는 것은
나를 바로 세우는 동시에
잃어버린 신성을 회복하는 것입니다.

오늘 하루 마음이 불편한 일이 있으시다면
오늘이 가기 전에
마음의 수평 저울을 맞추어 보시길 바랍니다.
여러분들의 마음이 깃털만큼이라도 가벼워지셨다면
이미 당신 마음의 수평 저울은
정상적으로 작동되고 있다는 뜻입니다.
좋은 하루 되시길 바랍니다.

감사함의 의미

어린아이의 마음이 되는 첫걸음이
매사에 감사하는 마음을 갖는 것입니다.
순수한 마음을 회복하는 지름길은
매사에 감사하는 마음을 갖는 것입니다.
잃어버린 신성함을 회복하는 지름길 역시
매사에 감사하는 마음을 갖는 것입니다.

감사하는 마음은
잃어버린 하늘을 찾아가는 과정입니다.
감사하는 마음은
하늘의 마음과 연결되는 빛의 통로입니다.
감사하는 마음은
사람의 마음과 연결되는 빛의 통로입니다.
매사에 감사하는 마음은
근원과 연결되는 통로입니다.

기도의 참된 의미는
감사의 기도일 때 더욱 빛이 나게 됩니다.
감사하는 마음은
가슴 차크라를 열 수 있는 마법의 주문입니다.

감사하는 마음은
의식이 깨어나게 하는 마법의 열쇠입니다.

감사하는 마음은
모든 것에서 영혼의 신성함을 볼 수 있을 때
나타나기 때문입니다.
감사하는 마음은
모든 것에서 생명의 신성함을 느낄 수 있을 때
나타나기 때문입니다.
감사하는 마음은
모든 것이 신성함으로 연결되어 있음을 인지할 때
나올 수 있기 때문입니다.

피었다 지는 꽃에게도
감사하다고 말해 보세요.
세상과 나를 연결해주고 있는 휴대폰에게도
감사하다고 말해 보세요.
출근길에 운전을 하다가
나의 발이 되어주는 자동차에게도
감사하다고 말을 한번 해 보세요.

나를 힘들게 하는
내 주위의 사람에게도
감사하다고 말은 못해도
감사하다는 생각이라도 해 보세요.

그들은 나의 깨달음을 위한 역할자로
그들은 나의 의식의 성장을 위한 역할자로
그들은 나의 배움을 위한 스승으로
함께 참여하고 있음을 기억해 보세요.

모든 것에서 신성함을 볼 수 있고
모든 것에는 신성함이 깃들어 있으며
모든 생명체는 신의 옷을 입고 있습니다.

감사함을 잃어버린 만큼
사람의 마음속에 심어 놓은
하늘의 마음을 잃어버리고 살고 있는 것입니다.
감사함을 잃어버린 만큼
타인의 마음을 얻지 못해 불안해 하고 있습니다.
감사함을 잃어버린 만큼
내 마음의 밭에서 자랄 수 있는 것이 줄어들고 있다는 것입니다.
감사함을 잃어버린 만큼
외로워지고 있다는 것입니다.

감사하는 마음에서부터
잃어버린 순수함을 찾으시기 바랍니다.
감사하는 마음에서부터
잃어버린 하늘을 찾으시기 바랍니다.
감사하는 마음에서부터
잃어버린 신성을 찾으시기 바랍니다.

감사하는 마음 없이
사람의 마음을 얻을 수 없습니다.
순수한 마음 없이
사람의 마음을 움직일 수 없습니다.

감사하는 마음 없이
내 마음을 내가 얻을 수 없습니다.
순수한 마음 없이
내가 나를 감동시킬 수 없습니다.

감사하는 마음과
순수한 마음 한 자락이
하늘이 사람의 마음속에 심어 놓은
하늘의 마음입니다.

이 글을 읽는 모든 분들께 감사합니다.

화장실 청소로
의식이 깨어나지 않는 이유?

빛의 생명나무에서 공부를 하다
자신의 에고가 드러나고
자신의 모순이 드러나고
동료들간의 관계 속에서
자신의 의도와는 관계없이
사건 사고의 중심에 있는 회원분들이 있습니다.

그럴 때마다
자신의 흐트러진 마음을 바로잡는 방법으로
화장실 청소를 시작하는 분들이 있습니다.
하늘에서 높은 사람은
땅에서는 가장 낮은 곳에서 편할 줄 알아야 한다는 강의를 듣고는
떨리는 가슴으로 한번도 해보지 않은
화장실 청소를 시작하는 사람들이 참 많습니다.

자신의 문제가 잘 안 풀릴 때마다
자신의 문제가 드러나 문제가 생길 때마다
자신의 문제로 인하여 동료 회원들이 큰 피해를 보게 된 경우나
우데카 팀장에게 천둥과 번개를 맞을 때마다
마음을 다시 세우고 새로 시작하는 마음으로
화장실 청소를 시작하는 사람들이 많습니다.

화장실 청소를 일주일을 하고
화장실 청소를 한달을 하고
화장실 청소를 일년을 한다고 해서
의식은 결코 깨어나지 않습니다.
화장실을 청소한다는 것과
의식이 깨어난다는 것은
서로 다른 영역입니다.

화장실 청소를 한다는 행위와
의식이 깨어나는 것은
서로 메타 인지로 연결되어 있기 때문입니다.
화장실 청소를 한다는 것은
단순히 화장실을 깨끗하게 청소한다는 것을
의미하지는 않기 때문입니다.
화장실을 청소하는 것보다 더 중요한 것은
화장실을 청소하는 당신의 마음이
더 중요하다는 것입니다.

당신이 화장실을 청소하는 이유가
누군가에게 자신을 드러내고 싶고
누군가가 내가 이렇게 정성을 들여
화장실 청소를 하고 있다는 것을 알게 하기 위해
화장실을 청소하고 있다면
당신의 의식은 깨어나지 못할 것입니다.

당신이 아무도 모르게
화장실을 청소하는 이유가
타인의 마음을 얻기 위해서라면
당신의 의식은 깨어나지 못할 것입니다.

당신이 아무도 모르게 정성을 다해
화장실을 청소하는 이유가
언젠가는 내 마음을 알아주는 사람이 있겠지라는 마음이라면
당신의 의식은 결코 깨어나지 못할 것입니다.

당신이 아무도 모르게 정성을 다해
화장실 청소를 하는 이유가
나같이 죄 많은 인간이
나같이 문제가 있는 사람이
팀장님의 은혜에 감사함을 표하고
동료들을 위해서 내가 할 수 있는 일이
화장실을 청소하는 것밖에 없다고 생각하고
당신이 화장실을 청소하고 있다면
당신의 의식은 결코 깨어나지 못할 것입니다.

자신의 행동이 부끄러워서
자신의 행동이 너무 많은 사람에게 피해를 주어
미안한 마음으로
참회하는 마음으로
반성하는 마음으로

새벽 5시에 일어나
아무도 모르게 화장실을 청소하고 있다면
당신의 의식은 결코 깨어나지 못할 것입니다.

흔들리는 마음을 다시 잡기 위해
동료들의 조언을 듣고
무엇인가를 해야 한다는 생각 끝에
기특한 생각으로
당신이 화장실 청소를 한다고 해서
당신의 의식은 결코 깨어나지 못할 것입니다.

인간들은 내 마음을 몰라주어도
하늘은 내 마음을 알거야
내가 믿었던 다른 사람들은
내 마음을 몰라주어도
하늘만은 내 마음을 알거야
당신이 하늘의 마음을 얻기 위해
아무도 모르게 새벽 4시에 일어나
화장실 청소를 한다고 해서
당신의 의식은 결코 깨어나지 못할 것입니다.

화장실 청소를 하면서
화장실을 내 마음이라 생각하고
닦고 또 닦는다고
당신의 의식은 그런다고 깨어나지 않습니다.

화장실 청소를 하며
무념무상의 마음으로
마음을 텅 비우고
미움도 내려놓고
원망도 내려놓고
화장실 청소를 한다고 해서
그런다고 당신이 의식이 깨어나는 것은 아닙니다.

수행하는 마음으로
정갈한 마음으로
신에게 기도하는 마음으로
인간을 이롭게 하겠다는 마음으로
세상을 이롭게 하겠다는 마음으로
오른손이 하는 일을 왼손이 모르게
화장실 청소를 한다고 해서
당신의 의식은 결코 깨어나지 않습니다.

의식은
알아챔과 눈치챔속에서 깨어나게 될 것입니다.
의식의 깨어남은
메타 인지의 상태속에 있을 때 일어납니다.
의식이 깨어난다는 것은
우물 안 개구리가 우물 밖으로 나오는 것입니다.
우물 안에서 아무리 애를 쓰고 정성을 다해본들
그냥 우물 안일 뿐입니다.

의식이 깨어난다는 것은
새장에 갇힌 새가 벽을 깨고
푸른 창공을 자유롭게 날아가는 것입니다.

오늘도
빛의 생명나무의
화장실 청소를 열심히 하고 있는 회원분들에게
이 글을 전합니다.

지식인의 낭만에 대하여

지식으로 진리를 찾는 사람은
낭만적인 사람입니다.
지식으로 신을 찾는 사람은
낭만적인 사람입니다.

지식으로 진리를 찾는 사람은
수집하기를 좋아하고
소장하기를 좋아하고
자신이 남보다 특별하다는 생각으로
세상을 살아가는 사람입니다.

지식으로 진리를 찾는 사람은
머리가 좋은 사람입니다.
지식으로 진리를 찾는 사람은
자신만의 독특한 커피 마시기를 좋아하면서
사람들이 가지 않는 좁은 길을 간다고
스스로 믿고 있는 사람입니다.

지식으로 진리를 찾는 사람은
뽐내기를 좋아하고
혼자서만 크는 미루나무를 닮았습니다.

지식으로 진리를 찾는 사람은
남의 말을 잘 듣지 않으며
타인이 말을 할 때는
타인의 말을 가로막는
말의 장풍을 잘 쓰는 사람입니다.

지식으로 진리를 찾는 사람은
아는 것이 많고
들은 것이 많고
이해 수준이 높아
타인을 가르치는 것이
당연하다고 생각하고 있는 사람입니다.

지식으로 신을 찾는 사람은
세상을 위해 출사를 할 때도
가족의 생계를 위해서
뽕나무 800그루 정도는 남겨두고 길을 떠나는
제갈공명의 지혜를 가진 사람입니다.

지식으로 신을 찾는 사람은
깨달음을 얻어 세상을 구하기 위해서
구도의 길을 떠날 때에도
평소에 즐겨듣던 음반을 가지고 가야하며
평소에 즐겨먹던 보이차가 꼭 있어야 하는 사람입니다.

지식으로 신을 찾는 사람은

사랑과 진실이

지식과 진리가

머리에서 가슴으로 내려오는데

시간이 참 많이 걸리는 사람입니다.

머리로는 다 이해하는데

가슴으로 내려오지 못해

주변에 자기 사람을 모으려 하고

주변에 자기 사람이 꼭 있어야 한다고

그렇게 믿고 있으며

그렇게 행동하는 사람입니다.

지식으로 신을 찾는 사람은

가슴으로 신을 찾는 사람을 보면

이해가 되지 않아 오해가 발생합니다.

지식으로 신을 찾는 사람은

마음으로 구도를 하는 사람을 보면

구식이라고 생각합니다.

지식으로 신을 찾는 사람은

자신이 해야 될 일과

타인이 해야 할 일이

처음부터 구분되어 있으며

서로 할 일이 구분되어 있다고 생각합니다.

지식으로 신을 찾는 사람은
언제든지 모든 것을 그 자리에 놓고
떠날 수 있어야 한다는 것을
머리로는 알지만
마음으로는 한번도 떠난 적이 없는 사람들입니다.

지식으로 신을 찾는 사람은
기도를 할 때도
남이 잘 듣도록 큰 소리로 기도하는
목소리가 큰 사람입니다.

지식으로 신을 찾는 사람은
명상을 할 때도
명상 음악이 있어야
명상이 잘 된다고 믿고 있는 사람입니다.

지식으로 신을 찾는 사람은
수행을 할 때도
자신의 수행을 도와주는 사람이 있어야
수행이 잘 된다고 믿고 있는 사람입니다.

지식으로 신을 찾는 사람은
내가 믿고 있는 신이
늘 최고라고 생각하고 있으며
신에게도 서열이 있다고 믿고 있는 사람입니다.

지식으로 신을 찾는 사람은
신이 자신을 특별히 사랑하고 있다고
그렇게 믿고 있으며
실제로 그렇게 행동하는 사람입니다.

지식으로 진리를 찾는 사람을
낭만적인 사람이라고 부릅니다.
지식으로 신을 찾는 사람을
우리는 낭만적인 영성인이라고 부릅니다.

자신이 낭만적인 지식인이라고
자신이 낭만적인 영성인이라고 생각하는 사람은
아무도 없습니다.

생과 사의 갈림길에서
생과 사의 백척간두 앞에서
한 치 앞도 보이지 않는 절망의 상황 속에서
지식으로 진리를 찾는 낭만적인 지식인과
지식으로 신을 찾는 낭만적 영성인들의
의식의 눈높이에 맞추어
하늘의 맨얼굴을 보게 될 것입니다.

인류의 건승을 빕니다.

삶이 흘러가는 방식 자존심의 포기 없이…

썩지 않는 씨앗이 꽃을 피울 수 없듯이
자존심의 포기 없이는
생의 꽃봉오리를 맺을 수 없습니다.

분명 이 세상은
자존심도 지키고 목적도 달성하는
그런 어리석은 공간이 아닙니다.

모름지기 우리는
낮과 밤을 동시에 보낼 수 없으며
봄과 가을을 동시에 즐길 수 없습니다.

밤의 어둠을 지나야
아침의 찬란함이 찾아오고
여름의 장마를 지나야
가을의 들판으로 나설 수 있습니다.

부디 자신 안에 있는
자존심을 꺾으십시오.
흙과 태양과 비와 바람이
저절로 원하는 꽃을 가꾸어 갈 것입니다.

그러니 옳고 그름이 분명할 때도
부디 침묵하십시오.
옳은 것을 옳다 하고
그른 것을 그르다 하는 똑똑함보다
옳고 그른 것 모두를 포용하는 어리석음이
오히려 훌륭한 거름이 됩니다.

내 잘못도 내 탓이고
당신 잘못도 내 탓이며
세상 잘못도 내 탓으로 돌리십시오.

진심으로 자존심을 포기하는
지혜로운 한 죄인이
주변의 사람들을
행복의 좁은 길로 초대할 수 있습니다.

<썩지 않는 씨앗은 꽃을 피울 수 없다> 중에서

＊＊＊＊＊＊＊＊＊＊

자존심의 포기 없이는
지혜로운 사람이 될 수 없습니다.
자존심의 포기 없이는
의식의 확장을 이룰 수 없습니다.

옳고 그름의
정의의 방식을 고집할 때
자존심은 더 강해지게 됩니다.
옳고 그름의
정의의 함정에 빠질 때
자존심은 더 완고해집니다.

얻는 것과 잃는 것을 따질 때
자존심은 더 강해지게 됩니다.
아름다움과 추함을 정해 놓고
분별심으로 세상을 바라볼 때
자존심은 더 완고해집니다.

남의 말을 듣지 않고
남의 말에 귀 기울이지 않을 때
자존심은 더 강해집니다.
타인을 비판하기를 좋아하고
남의 단점을 지적하는 사람일수록
자존심은 더 강해집니다.

매 타석 홈런만을 치기 위해
몸에 힘이 잔뜩 들어간 사람은
아직 자존심을 포기하지 않은 사람입니다.
매 순간 감사함의 의미를 잃어버리고
더 많은 것을 이루기 위해

더 큰 것을 이루기 위해 애쓰는 사람 역시
아직 자존심을 포기하지 않은 사람입니다.

삶이 흘러가는 방식을 순리라고 합니다.
진심으로
자신의 자존심을 포기하는
의로운 죄인만이
나를 이롭게 하고 타인을 이롭게 하고
우리 모두를 이롭게 할 수 있습니다.

진심으로
자신의 자존심을 포기할 수 있는
지혜로운 사람만이
진정한 리더자가 될 수 있습니다.

진심으로
자신의 자존심을 내려놓을 수 있는
참 바보같은 사람만이
사람을 더 많이 품을 수 있습니다.

자존심을 포기하는 과정은
속이 타들어가는 과정이며
속이 썩어가는 과정이며
속이 썩어서 문드러지는 과정입니다.

에고로 가득 찬

당신의 자존심의 포기 없이

당신은 지금 무엇을 얻으려 하십니까?

정의의 방식으로 오염된

당신의 자존심의 포기 없이

당신은 지금 누구를 사랑할 수 있겠습니까?

자신의 신념으로 똘똘 뭉쳐있는

당신의 자존심의 포기 없이

당신은 지금 누구와 소통하려고 하십니까?

세상은 분명 내 자존심도 지키고

삶의 행복도 지킬 수 있는

그렇게 만만한 곳이 아닙니다.

삶이 흘러가는 방식을 순리라고 합니다.

불필요한 자존심을 포기하며

의식이 확장되는 과정이

삶이 흘러가는 방식입니다.

산을 내려오며

산을 일찍 올라가면
산을 일찍 내려와야 합니다.

산이 좋다고
산에서만 살 수는 없는 것이며
산에 오르고 나면
산에서 내려와야 한다는 것을
내가 살아 보니까 알게 되었습니다.

내가 살아 보니까
사람마다 올라야 하는 산이 다르고
사람마다 넘어야 하는 산이 다릅니다.
사람마다 올라야 하는 산의 높이가 다르고
사람마다 올라야 하는
산의 크기도 다르다는 것을 알았습니다.

내가 살아 보니까
사람마다 꽃이 피는 시기가 다르고
사람마다 꽃이 지는 시기가 다른 법입니다.
사람마다 피는 꽃의 빛깔이 다르고
사람마다 피는 꽃 모양이 다릅니다.

사람마다 피는 꽃이 다르기에
사람마다 맺는 열매도 다르다는 것을
이제야 알았습니다.

내가 살아 보니까
서로 다른 길을 가는 것처럼 보이지만
우리는 산을 함께 오르고 있음을 알았습니다.
서로를 알아볼 수도 없고
서로를 기억할 수도 없지만
우리는 산을 함께 오르고 있음을 알았습니다.

산을 오르다 보면
같은 산을 오르고 있는 사람을 만날 수 있습니다.
산을 오르다 보면
다른 산을 오르고 있는 사람과는
헤어져야 한다는 것을 알 수 있습니다.
산을 오르다 보면
산을 오르다 포기하는 사람도 보았습니다.

산을 오르다 보면
나보다 힘들어 하는 사람을
만나기도 합니다.
산을 오르다 보면
나보다 먼저 가는 사람이
부러울 때가 많습니다.

산을 오르다 보면
정상에 가까이 갈수록
산을 오르는 사람은 보이지 않고
나의 동료들도 어디 있는지 보이지 않고
나만 홀로 산을 오르고 있음을 봅니다.

산을 내려오다 보면
내가 올라온 길로
올라오는 사람이 있습니다.
산을 내려오다 보면
산을 내려오는 길과
산을 오르는 길이 같다는 것을 알 수 있습니다.

산을 내려오다 보면
등짐이 가벼워짐을 느낍니다.
산을 내려오다 보면
산을 힘들게 오르고 있는 사람에게
다 왔다고 조금만 가면 된다고
위로의 말을 건네야 한다는 것쯤은 알고 있습니다.

산을 내려오다 보니까
나는 어디서부터인가 혼자서 산을 올랐는데
누군가와 함께 산을 오르는 사람을 보면
좋은 시절 잘 보내시라고
마음속으로 기도를 해줄 수 있는 마음의 여유도 생깁니다.

산을 내려오다
산을 오르는 누군가가 나에게 묻습니다.
옆에 뒷동산도 있는데
저렇게 험하고 높은 산에 왜 가냐고?
나는 한참을 생각하다 말을 건넵니다.
저 산이 거기 있으니까 가지요.

산을 내려오다
산을 오르려고 준비하고 있던
누군가가 나에게 묻습니다.
당신은 왜 그렇게 사냐고
나는 한참 동안 하늘을 쳐다보다 말을 건넵니다.
태어났으니까 살지요.

돼지의 잊어버린 약속

하늘에서 두 신선들이 두던 장기가 끝나자
장기에서 진 신선 중 하나가
재미삼아 내기 하나를 제안하게 됩니다.

"우리가 직접 인간 세상으로 내려가서
물질 체험을 해보는 것이 어떻겠나?"
"우리의 우주적 신분도 있고 하니
인간의 몸으로 들어가 살면서
자신의 우주적 신분에 맞게 인류 사회에
기여를 좀 해야 하지 않겠나?"

인간 세상은 한번 내려가면
자신을 잃어버리기 쉬운 곳이니
공을 세우는 것보다는
자신의 우주적 신분을 먼저 기억하는 쪽이
이기는 걸로 하자는 내기를 하게 되었습니다.

내기에 응한 두 신선들은
구체적인 게임의 규칙들을 논의하였으며
동료 신선들에게도 조언을 구하였습니다.
신선들을 관리하는 관리 위원회에서는
승인 불가의 답변이 돌아왔습니다.

지금 인간계는 너무 혼란스럽고
격변이 예정되어 있으며
문명을 결산하는 시기가 되어
인간의 몸으로 들어가는 것은
영계의 폐쇄로 인하여 금지가 되었습니다.
그래도 여전히 많은 신선들이
인간의 몸을 통한 체험을 위해 기다리고 있어
저희 위원회로서는 골치가 아픕니다.
꼭 물질 체험을 원하신다면
인간의 몸이 아니라
인간의 음식으로 공급되는
가축들로 들어가는 것은 가능합니다.

장기와 바둑을 두는데 재미를 잃은 두 신선들은
물질 체험 중에 동물의 육신의 옷을 입고
체험을 해본 경험이 없었기 때문에 망설이지 않을 수 없었습니다.

고민을 하던 중
두 신선은 짧은 시간 동안 물질 체험을 할 수 있고
난이도가 비교적 높은 쪽을 생각하다
돼지의 몸에 들어가는 것으로 합의를 보았으며
위원회에 다시 통보하여 승인을 얻게 되었습니다.

다음과 같은 세부 조항을 두어
공정한 게임이 이루어지도록 하였습니다.

1. 같은 시간과 공간 속에서 동일한 조건에서 이루어질 것

2. 정해진 시간 내에 자신이 누구인지
   자신이 어디서 왔는지를 알 수 있는
   많은 힌트와 단서들을 지속적으로
   공평하게 알려줄 것

3. 정해진 시간 내에 먼저 깨어난 쪽이 승자가 되며
   만약 어느 쪽도 깨어나지 못하고
   돼지의 삶에 만족하여 산다면
   돼지를 죽여서라도 자신의 신분들을 알게 해줄 것

위와 같은 게임의 규칙들을
환생 위원회로부터 약속을 받았으며
동료 신선들에게도 부탁을 하게 됩니다.

하늘의 관찰 카메라는
사타니아 항성계 606번 지구 행성
코드 넘버 123456789
두 신선에게 부여된 소속 표지를 비추고 있습니다.
화면이 희미해지면서
장면은 시골의 돼지 농장이 나타납니다.
카메라는 한우리에서 자라고 있는
암돼지와 숫돼지 한쌍을 비추고 있습니다.

여러 마리의 돼지들은 서로 어울려
꿀꿀거리고 잘 놀고 있으며
돼지의 등 뒤에는 다음과 같은 표식들이 있는 것이 보입니다.
'15차원 16-12 흰색'
'15차원 16-13 검은색'
나머지 돼지들에게는
'13차원 11-11'
'11차원 9-6'
'9차원 7-12'

알 수 없는 숫자를 달고 있는 돼지들이
서로 함께 어울리며 평화롭게 살고 있는 모습이
관찰 카메라에 의해 보입니다.

먹이를 주자
서로 먹겠다고 싸우는 모습도 비춰지고 있으며
먹지 못하는 음식들은 골라내기도 하며
여주인이 차고 있던
진주 목걸이가 먹이통에 떨어졌으나
어떤 돼지도 관심을 두지 않았으며
주인이 한참 뒤에야 진주 목걸이를
다시 찾아가는 장면도 보입니다.

평화로운 시간이 흘러가고
돼지 우리에 암돼지를 두고 벌이는
숫돼지들의 꿀꿀 소리가 커지면서
몸집이 큰 숫돼지가 작은 몸집의 숫돼지를 밀어내고
암돼지가 풍기는 냄새를 따라가며
행복한 표정으로 킁킁대고 있는 모습이 카메라에 잡힙니다.
너무 행복해하며 주인의 발소리에 맞추어
먹이를 향해 달려듭니다.

"오늘의 짬밥은 정말 맛이 있네!
역시 중국집에서 들어온 짜장면과 짬뽕이 들어있는 것이
제일 맛이 있어! 너두 그렇지?"
옆에 있는 돼지를 향해 묻자
"아니, 나는 김치찌개에 들어있는 고기맛이 제일 좋아!
주인 아저씨가 몸이 좋아져야
맛있는 짬밥을 먹을 수 있을텐데…
주인 아주머니는 정말 맛없는 것들만 주니까
요즘은 기분이 별로야."

"나는 지금 너무 행복합니다."
검은 돼지가 말합니다.
"먹이로 주는 사료는
너무나 달콤하고 맛있어요!
옆에서 암내를 풍기고 있는 저 냄새를 맡고 있으면
정말로 행복해요!
이곳은 정말로 살기 좋은 곳이에요!
조금 좁기는 하지만 이곳의 냄새는
나를 늘 흥분하게 해주고 있으며
불어나는 몸무게 만큼이나
행복의 무게는 늘어가고 있는 것 같아."

"나는 요즘 이상해."
흰색 돼지가 말합니다.
"밤에 꿈을 꾸는데
자꾸 인간의 모습이 보이고
구름 같은 것이 보여."

"그거 나두 보인지 오래 됐어.
뭔지 모르겠어.
괜한 것에 신경쓰지 말고
먹을거나 많이 먹어줘.
난 이곳이 너무 좋아!
여기 있는 이 똥냄새도 너무 좋구,
너에게서 나는 냄새는 너무 좋구,
친구들도 좋구,
모든 게 다 좋아
너무 행복해!"
돼지들의 행복 소리가 꿀꿀 소리와 함께
메아리로 들려옵니다.

"와 배부르다."
"오늘도 잔뜩 먹고 나니 졸리네."
돼지들은 잠이 듭니다.

누군가가 나타납니다.
그리고 가르쳐 줍니다.

"너는 돼지가 아니야.
이제 깨어날 때가 되었어.
당신은 돼지로 살고 있지만
당신은 돼지처럼 보이지만
당신은 돼지가 먹는 음식을 먹고 있지만
당신의 목소리도 돼지처럼 들리고 있지만
기억을 잃어버리고
기억을 봉인한 거야.
기억해봐!
하늘에서 나는 당신의 친구야.
너는 하늘에서는 위대한 신선이며
위대한 영혼이야.
당신은 돼지가 아닙니다."

이상한 꿈을 꾸는 시간들이
요즘들어 많아지자 돼지들이 모여 회의를 합니다.
"난 요즘 악몽에 시달리고 있어."
"내 안에 누군가가 있는 것 같아."
"내 안에서 자꾸만 돼지가 아니래."

"머리도 아프네...
밥맛도 조금 없구..."
"날씨가 너무 더워서 그런지
물이나 실컷 먹고 싶다."

"그런데 왜 자꾸 이상한 꿈을 꾸는 거야.
너두 그러니?"
"아니, 난 꿈 같은 거 꿔본 적 없어.
소리도 들은 적 없어.
너네 둘이 아무래도 이상한 것 같아.
저기 시원한 곳에 가서 있으면서 진정해.
너희들 그러다
날씨도 더운데 밥맛 잃을까 겁난다.
우리 돼지들은 밥힘으로 사는건데
엉뚱한 생각하지 말고
괜한 생각하지 말고 그냥 한숨 자 둬."

"우리는 행복한 돼지들이야.
우리는 주인을 잘 만난 덕에
사료도 마음껏 먹을 수 있고
각종 짬밥도 특식으로 먹을 수 있고
이 정도 시설이면 최신식 시설이야.

우리는 행복한 돼지들인데
쓸데없는 생각하지마.
근데 덥기는 진짜 덥다.
내 옆에서 좀 떨어져 줄래."
두 돼지들은 이렇게 해서
자연스럽게 무리와 떨어지기 시작했습니다.

두 돼지들은 밥을 배불리 먹고 나면
둘만의 대화 시간을 갖게 되고
꿈에서 꾼 내용들을
서로 이야기하는 재미가 들기 시작하였습니다.
그럴수록 다른 돼지들과는 멀어지게 되면서
대화를 나눌 시간도 없었고
만나도 대화가 되지 않았습니다.
두 돼지들이 이상한 꿈을 꾼다는 것이 무리에 퍼졌으며
무리들 중에서도
이 두 돼지들은 왕따가 되기 시작하였습니다.

꿈 이야기를 하면 할수록
먹는 밥의 양이 동료들에 비해 줄어들게 되었으며
꿈 이야기를 할수록
이상한 돼지가 되어 갔습니다.

자신들과 같이 꿈을 꾸는 돼지들이
가끔은 있었지만
그들의 꿈속의 내용은
맛있는 먹이를 먹는 것이 대부분이고
먹이 중에도 고기를 실컷 먹는 꿈이어서
아무도 이상하게 생각하지 않았습니다.

두 돼지들에게 나타나는 꿈들은
영화처럼 보여주는 꿈들로 변했지만
돼지들의 이야기가 아닌
한번도 들은 적도 없는 이야기이며
한번도 본 적도 없는 것들이라
이해할 수도 없으며
상상할 수도 없는 것들 뿐입니다.
더이상 재미를 느끼지도 못하고
꿈을 꿀 때마다
배고픔을 더 느끼기 때문에
이제는 꿈을 꾸지 않기를 바라고
잠들어 버립니다.

꿈을 꾸기 시작한지 한달이 지나
두 돼지들이 살이 찌지 않게 되자

주인으로부터 무리에서 격리되어

주사를 맞고

따로 음식을 먹게 되었습니다.

주사를 맞을 때 너무 아팠으며

먹이 또한 너무 맛이 없는 것들을 먹게 되자

두 돼지들은 이제 서로 꿈 이야기를 하지 않기로 하고

이제는 꿈을 꾸지 않는다고

이상한 말을 하지 않기로 동료들에게 맹세의 말을 하고

동료들 곁으로 돌아가게 되었습니다.

꿈은 계속 되었지만

맛있는 밥을 먹기 위해

주사를 맞는 것이 너무 두려워서

두 돼지들은 꿈 이야기를 하지 않았고

그러자 동료들은 먹이를 함께 나누어 먹었으며

대화를 함께 나누게 되었습니다.

살이 다시 찌기 시작했으며

전보다 더 왕성한 식욕이 생겨나

돼지로서 누릴 수 있는 최대의 행복을

느낄 수가 있게 되자

이제 꿈은 꿈일 뿐 아무런 의미가 없었습니다.

간혹 무리들 중에
자신들처럼 꿈을 꾸는 돼지들이 있었고
그들도 무리에서 왕따가 되었으며
자신들에게 말을 걸어 왔지만
늘어난 몸무게만큼 커진 식욕 때문에
두 돼지들은 그들을 만나 주지도 않았습니다.
꿈 이야기를 하는 돼지들은
자신들끼리 모여서 이야기를 하였으며
그들이 하는 말 중
자신들이 꿈에서 본 내용이나 말들이 가끔은 있어
알아들을 수 있는 말도 있었으나
다시 주사를 맞고 맛없는 음식을 먹을 생각을 하니
지금 이대로가 좋다는 결론을 내리고
그들과는 멀리하게 되었습니다.

두 돼지는 너무 행복했습니다.
더 이상 꿈같은 것은 필요 없었으며
새로 이사 온 암컷과 수컷 돼지들의 몸에서 나는
똥냄새가 너무 좋아서 너무 행복했습니다.
몸집은 더 늘어나게 되었으며
몸집이 더 큰 검은 돼지가
선발대회에 뽑혀 나가는 날이었습니다.

검은 돼지와 흰 돼지는
아침 꿀꿀이 죽을 옆에서 같이 먹게 되었습니다.
한참동안 꿀꿀이 죽을 먹고 있는데
딱딱한 것이 입안으로 들어왔습니다.
검은 돼지가 그것을 깨물다
이빨이 하나 부러지게 되었습니다.
그리고 그것을 입에서 토해 입으로 밀어 놓았습니다.
그것은 네모난 장기판의 말이었습니다.

이것을 본 검은 돼지는
"재수가 없네."
먹지도 못하는 것을 준 주인을 향해
한바탕 욕을 하고 난 뒤에야
흰 돼지에게 한마디 건네줍니다.

"꿀꿀이죽 먹을 때 너는 천천히 먹어.
재수없이 나처럼 다치지 말고…"
그러자 흰 돼지는
"걱정하지마, 내 일은 내가 알아서 할게."
이 말을 끝으로
두 돼지는 서로 헤어지게 되었습니다.

우리에 남은 흰 돼지는
먹이통에 남아 있는
아무도 관심이 없이 옆으로 밀려나 있는
네모난 장기말을 보고
냄새도 맡아보고
입에도 넣어보고 해보았지만
아무 맛도 없었으며 아무 냄새도 없었습니다.
꿈속에서 본 적이 있는 것 같은데
아무 기억이 나지 않았으며
아무 생각도 나지 않았습니다.

머리를 흔들며 흰 돼지는
축 늘어진 배를 쳐다보며
'참 멋있는 몸매야
이쯤은 돼야 선발대회에 나갈 수 있지.'
먼저 선발대회에 나간 검은 돼지가 잠시 부러웠습니다.
'내일은 내가 뽑히겠지.'
배부른 흰 돼지는 네모난 장기말을
옆으로 확 밀쳐 버렸습니다.

"아! 재수 없어.
생긴 것은 나처럼 희게 생겨 맛있게 생겼는데."

선발대회에 나란히 뽑힌
흰 돼지와 검은 돼지는
옆동네 이장님댁 큰아들 장가가는데
잔치상 맨 앞자리에
이 세상에서 가장 행복한 웃음을 지닌 얼굴로
웃고 있는 두 돼지의 얼굴이
관리자 그룹의 카메라에 잡혔습니다.

그리고 얼마되지 않아
위원회에서 설치된 카메라가 꺼졌습니다.

제2부

마음과 마음 사이에

인간의 모든 만남과 이별 속에는

아무도 모르는 비밀이 숨겨져 있습니다.

당신이 의식이 깨어나

세상을 보는 눈이 달라지고 나면

당신을 힘들게 했던 사람이

내 영혼의 성장을 위해 준비된

고마운 스승이었음을 알게 될 것입니다.

사랑에 빠지는 이유 : 큐피드 화살 **❶**

짝사랑편

사랑의 본질은 조건없이 사랑하는 것입니다.
사랑의 본질은 아낌없이 주는 것입니다.
사랑의 본질은 타인을 위해 나를 희생하는 것입니다.
사랑의 본질을 배우고 체험하기 위해
영혼은 물질 체험을 하고 있는 것입니다.

사랑을 배우기 위해
사랑의 본질을 배우기 위해
사랑을 통한 슬픔을 배우기 위해
사랑을 통한 아픔을 배우기 위해
하늘이 인간의 감정과 의식에 개입하는 경우가 있는데
이것이 큐피드 화살 프로그램입니다.

큐피드 화살은
특정한 사람을 만나거나
특정한 사람을 생각하기만 해도
설레이고 가슴이 뛰고 기분이 좋고
자꾸 생각이 나게 하고 보고 싶은 감정을 느끼도록
지속적으로 감정선과 의식선에 에너지 공급이
하늘의 천사들에 의해 일어날 때를 말합니다.

큐피드 화살은

누군가를 사랑하도록

누군가를 사랑할 수밖에 없도록

누군가가 내 가슴속에서 뛰어놀 수 있도록

누군가가 내 가슴속에서 살아갈 수 있도록 하는 역할이 있습니다.

하늘의 보이지 않는 손인 천사들에 의해

큐피드 화살 프로그램은 진행이 됩니다.

큐피드 화살 프로그램이 작동이 되면

인간의 감정선에 긍정적인 감정만이 나올 수 있도록

감정선의 재조정이 이루어집니다.

이 과정은 본영과 상위자아에 의해 이루어집니다.

큐피드 화살 프로그램이 작동이 되면

인간의 의식선의 재조정 또한 이루어집니다.

사랑의 감정을 느끼거나

호감을 느끼는 이성에 대해

객관적이고 냉철한 판단이 이루어지지 않고

왜곡되거나 과장된 의식을 통해

즉흥적이고 감성적인 판단을 부추기기 위해

의식선들의 재배열이 이루어집니다.

이 과정 역시 본영과 상위자아에 의해 이루어집니다.

큐피드 화살 프로그램이 작동이 되면

인간의 감정과 의식의 통합이 이루어지는

메타 휴머노이드 의식구현 시스템에

큐피드 화살의 대상이 되는 이성에 대한
긍정적인 정보들이 입력됩니다.

큐피드 화살 프로그램이 작동이 되면
사랑에 눈이 먼 사람이 되게 합니다.
큐피드 화살 프로그램이 작동이 되면
성욕과 함께 초긍정적인 감정이 작동되게 됩니다.

큐피드 화살 프로그램이 작동이 되면
앉으나 서나 그 사람이 생각나고 보고 싶어집니다.
큐피드 화살 프로그램이 작동이 되면
그 사람의 모든 것이 좋아 보이고
그 사람의 모든 것이 이해가 되고
함께 있고 싶고
설레임과 두근거림이
지속적으로 나타나게 됩니다.

큐피드 화살의 강도가 강해지면 강해질수록
불타오르는 사랑이 되며
주체할 수 없는 성욕이 나오며
초긍정적인 감정들이 지속적으로 나타나게 됩니다.

큐피드 화살 프로그램 중에
가장 잔인하고 가슴 아픈 프로그램이 있는데
짝사랑 프로그램이 있습니다.

짝사랑 프로그램은
한 사람에게는 큐피드 화살 프로그램이 작동이 되고
한 사람에게는 무관심과 냉정한 에너지가 나올 수 있도록
감정선과 의식선의 조정이 이루어집니다.

짝사랑 프로그램은
큐피드 화살을 맞은 사람에게
사랑의 본질을 배우게 하는 프로그램이지만
반드시 실패하는 사랑의 프로그램입니다.
짝사랑 프로그램은
큐피드 화살을 맞은 사람에게
지고지순한 사랑을 배우게 하는 과정으로
순수한 사랑을 배우게 하는 과정으로
첫사랑을 소중하게 기억하게 하기 위해서
사랑의 아픔과 슬픔을 통해
의식이 성장하기 위해 준비된
하늘의 프로그램입니다.

짝사랑 프로그램은
짝사랑을 하면서
혼자만의 사랑을 하면서
사랑이 좌절되고 실패하는 과정을 통해
일찍 철들게 하려는
본영의 프로그램입니다.

짝사랑 프로그램은
이루어질 수 없는 사랑을 경험하면서
타인의 자유의지를 존중하는 것을 배우게 하기 위해
하늘이 준비한 프로그램입니다.
짝사랑 프로그램은
사랑하는 감정을 상대방에게 어떻게 전달하고
사랑하는 감정을 어떻게 표현하는지
이성과의 관계를 어떻게 풀어가야 하는지를 체험하고 공부하기 위해
본영이 아바타를 위해 준비한 선물입니다.

짝사랑 프로그램이
어린 사춘기 시절에 일어난다면
순수한 마음과 순수한 사랑을 느끼고 체험하는
내적인 성숙의 과정으로 준비된 것입니다.
짝사랑 프로그램이
결혼 적령기 때 진행이 된다면
의식을 성장시키기 위해
새로운 인생의 전환점을 만들기 위해
서로 만나서 카르마를 해소하기 위한 과정으로
준비된 경우가 많습니다.

남녀의 만남속에
이루어지지 않는 사랑의 아픔속에
이루어질 수 없는 사랑의 슬픈 운명속에도
하늘의 보이지 않는 손이 움직이고 있습니다.

남녀가 만나서 서로에게 기쁨을 느끼고
남녀가 만나서 서로에게 행복을 느끼고
남녀가 만나서 서로에게 상처를 주고 받는 과정속에
우연을 가장하여
큐피드 화살 프로그램이 작동되고 있음을 전합니다.

세상에 우연히 일어나는 일은 없습니다.
이 우주에서 우연히 일어나는 일은 없습니다.
남녀간의 만남과 이별 뒤에
남녀간의 이루어질 수 없는 사랑과 슬픔속에
남녀간의 만남속에 있는 설레임과 두근거림 또한
우연이 아닙니다.

하늘의 보이지 않는 손이
큐피드의 화살이 되어
내가 이것을 체험하고 있는 것입니다.
이 글을 읽고 계시는 분들 중에
누군가를 향한 큐피드 화살을 맞고 있다면
당신에게 일어나기로 예정된 일이
일어나고 있는 것입니다.

세상에서 가장 슬픈 일은
나에게 오늘도
아무일도 일어나지 않는 것입니다.

내 마음속에 사랑하는 누군가가 있다는 것 자체가
얼마나 소중한 것인지
지독한 외로움을 겪고 난 사람은
혼자하는 사랑 또한
얼마나 소중한지
알고 있을 것입니다.

당신의 건승을 빕니다.

사랑에 빠지는 이유 : 큐피드 화살 ❷
첫눈에 반한 사람편

첫눈에 반하는 사람이 있습니다.
첫눈에 '내 사람이구나'라는 느낌을 받는 이성이 있습니다.
첫눈에 말로는 설명할 수 없지만
묘한 끌림과 호기심이 생기는 이성이 있습니다.

첫눈에 서로가 서로에게
강한 끌림이 발생하는 경우는 많지 않습니다.
큐피드 화살 프로그램이
두 사람에게 동시에 작동하는 경우보다는
한쪽에 먼저 큐피드 화살 프로그램을 작동하고
시간이 흐르면서
다른 한쪽에 큐피드 화살 프로그램이 작동되는 것이
일반적입니다.

큐피드 화살이 동시에
두 사람에게 작동하게 되는 경우는
첫눈에 반한 사랑이 됩니다.
하늘이 두 사람에게
첫눈에 반하는 사랑 프로그램을 진행할 때는
그만한 이유가 있습니다.

첫눈에 서로 반하는 사랑은
다음과 같은 이유가 있습니다.

첫째

두 사람이 만나기로 예정되어 있을 때
서로가 서로를 알아보는 사인의 표식이 작동되는 경우입니다.
두 영혼 사이에 첫눈에 반하는 사랑을 통해
서로 강한 끌림을 통해
서로 간의 뜨거운 사랑의 감정을 통해
부부로서의 삶을 살기로 약속한 영혼들 사이에서
큐피드 화살 프로그램이 작동됩니다.

둘째

첫눈에 반하는 사람들은
서로 카르마가 깊은 사람들끼리의 만남입니다.
카르마가 깊은 사람들끼리
서로의 카르마를 풀기 위해
부부간이 아닌 만남이 반드시 있어야 하기에
두 남녀의 마음을 동시에 움직이기 위해
첫눈에 반하는 큐피드 화살 프로그램이 작동됩니다.

세상을 살면서
만나야 하는 사람은 꼭 만나게 되어 있습니다.
만나야 하는 사람들끼리 만나게 하기 위해서는
큐피드의 화살이 강하게 작동됩니다.

운명적인 만남 뒤에
역사적인 만남 뒤에
애절하고 슬픈 사랑의 뒷면에는
인간의 의지로는 거부할 수 없는
강한 큐피드 화살 프로그램이 작동된 결과입니다.

셋째
첫눈에 서로 반하는 사랑은
남녀간의 뜨거운 사랑을 체험하기 위해
사랑의 기쁨과
이별의 아픔을 겪게 하기 위해
사랑의 성장통을 겪게 하기 위해
짧은 만남과
강렬한 육체적 사랑과 정신적 사랑을 경험하기 위해
두 영혼들의 본영끼리 동의한 후 이루어지는
큐피드 화살 프로그램이 있습니다.

두 사람의 사랑은
짝사랑처럼 이루어질 수 없으며
두 사람의 추억속에 기억속에 남기게 하기 위해
한 여름밤의 사랑만큼
불타는 사랑을 경험하게 하기 위해
첫눈에 반하는
큐피드 화살 프로그램이 작동됩니다.

인간의 의지로 막을 수 있는 것이 아니며
마치 뭐에 홀린 듯
모든 걱정은 잊어버리고
그 순간의 감정에만 충실하게 하는
몰입도가 가장 강한 큐피드 화살 프로그램입니다.

처음 만난 이성에게
처음에는 눈길이 자주 가고
처음에는 마음이 자주 가고
처음에는 신경이 쓰이다가도
시간이 지나면서 점차로 관심이 줄어들다가
평범한 관계로 변하는 것이
일반적인 관계이지만
첫눈에 반하는 사랑은 그렇지 않습니다.

첫눈에 반하는 사랑을 누구나 꿈꾸고 있습니다.
첫눈에 반한 사람과 사랑을 함께하고 싶고
첫눈에 반한 사람과 미래를 함께하고 싶은 것이
인간의 보편적인 희망이며 꿈입니다.

첫눈에 반한 사람은
내가 꼭 만나야 하는 사람입니다.
첫눈에 반한 사람은
내 영혼의 성장을 위해
본영과 상위자아가 준비한 판도라의 상자입니다.

첫눈에 반한 사람은
서로의 카르마를 풀기 위해
하늘에서 두 사람에게 주어진
아픔과 고통의 판도라의 상자입니다.

첫눈에 반한 사람들에게 작동되는
큐피드 화살 프로그램은
나의 자유의지로는 거부할 수 없으며
큐피드 화살 프로그램이 종료될 때까지
인간의 의지로 멈출 수 없습니다.

첫눈에 반한 사람들에게 작동되는
큐피드 화살 프로그램은
나의 의식으로는 이해될 수도 없으며
내가 벗어나려고 하면 할수록
깊은 늪에 빠져들게 됩니다.

첫눈에 반하는 사람들에게 작동되는
큐피드 화살 프로그램은
큐피드 화살 프로그램이 종료될 때까지는
인정사정 봐주지 않고
엄격하고
엄중하게
하늘의 에너지체들을 통해 집행됩니다.

첫눈에 반하는 큐피드 화살 프로그램은
당신이 태어나기도 전부터
당신의 본영과 하늘이 준비한 프로그램입니다.
당신이 지금 누군가와 첫눈에 반하는 사랑을 하고 있다면
지금 두 사람에게 일어날 일이
일어나고 있는 것입니다.

첫눈에 반한 두 사람은
자신들의 영혼들 사이의 약속만큼
자신들의 카르마의 무게만큼
자신의 영혼의 무게만큼
자신의 삶의 무게만큼
두 사람만이 열 수 있는
두 사람에게만 열리는
판도라의 상자를 열고 있음을
기억하시기 바랍니다.

첫눈에 반한 사랑을 꿈꾸는 사람들과
첫눈에 반한 사랑을 하고 있는 사람들의
건승을 빕니다.

사랑에 빠지는 이유 : 큐피드 화살 ❸
만남과 이별편

인간의 몸 안에는 참 많은 에너지체들이 존재하고 있습니다.
인간의 몸에 배치되는 천사님들은
그 사람의 일생과 함께하는 경우가 많습니다.

인간의 몸에 배치되어
한 사람의 일생을 처음부터 끝까지 함께하는
천사님들이 있습니다.
인간의 몸에는 최소 6분에서 최대 12분까지
천사님들이 함께하고 있습니다.
한 사람과 관련된 인생의 프로그램을
큰 틀에서 가지고 들어오는 경우도 있으며
그때 그때 하늘의 지시와 명령을 받고 활동하는 경우도 있습니다.

인간의 몸에 배치되어 있는 천사들 중에는
인간의 감정선과 의식선을 관리하고 조율하는 역할을
담당하고 있는 에너지체들이 있습니다.
큐피드 화살 프로그램은 이들에 의해 진행됩니다.

사람과 사람 사이의
모든 만남과 모든 이별의 순간에
천사님들이 관여하고 있습니다.

사람과 사람 사이의 만남들 속에서

긍정적인 관심을 가지도록 유도하기도 하고

호기심을 가지도록 감정선을 자극하기도 합니다.

내가 누군가를 향해

주는 것 없이 누군가를 믿게 만들기도 하고

누구 앞에만 서면 긴장하게 만들기도 하고

꼭 실수를 하도록 유도하기도 합니다.

내가 누군가에게 호감을 가지도록 감정선을 활성화시켜주는

사소한 것에서부터

부정적인 감정들인 증오와 원망의 감정까지 관리하고 있습니다.

큐피드 화살은

반드시 만나야 되는 사람들끼리 만나게 하기 위해서

꼭 필요한 에너지입니다.

둘이 서로 만나서

판도라의 상자를 열어야 할 사람들에게

반드시 그 일이 일어날 수 있도록 하는 것이

하늘이 존재하는 이유입니다.

만나야 할 사람들은 반드시 만나서

자신들의 카르마를 풀 수 있도록 돕는 것이

인간의 몸에 들어와 있는 천사님들이 하는

중요한 임무와 역할입니다.

헤어져서는 안되는 부부들을 위해서도

주기적으로 큐피드 화살들이 동원됩니다.

헤어져서는 안되는 부부들이 부부 싸움을 할 때에
천사님들은 인간의 감정선에 들어가
부정적이고 폭력적인 에너지가 과도하게 나오지 않도록
관리하는 역할이 있습니다.

스승과 제자지간에도 동료들 사이에도
지속될 인연이 있는 사람들 사이에 갈등이 발생했을 때도
감정선과 의식선을 통해
안정적인 인간관계가 이루어질 수 있도록 관리하고 있습니다.

반드시 헤어져야 하는 부부사이와
반드시 헤어져야 하는 연인들 사이는
반드시 헤어질 수 있도록
오랜 시간에 걸쳐 작업이 이루어지고 있습니다.
인간의 몸에 들어와 있는 천사님들은
입력된 프로그램대로
입력된 감정선과 의식선의 수치들을
인간의 몸에서 직접 조율하고 실행하고 있습니다.

만나야 할 사람들끼리는
인간의 잠재의식과 무의식의 조절을 통해
감정선과 의식선의 조절을 통해
생각나게 하고 그리워하게 하고
보고 싶어하는 에너지를 통해
만남의 인연이 지속될 수 있도록 하고 있습니다.

이별을 할 사람들끼리는
인간의 잠재의식과 무의식의 층위에 접근하여
서로 얽혀있는 에너지들을 끊어주고
정리해 주는 역할을 하고 있습니다.
이별을 할 사람들끼리는
감정선과 의식선을 조정하여
이유없이 짜증나게 하고
어떤 사건을 일으켜
있는 정마저도 떨어지게 하여
이별을 할 수 있도록 하고 있습니다.

인간의 몸에 들어와서 작전 중에 있는 천사님들을 통해
인간의 모든 만남과 이별들이
인연법에 맞추어 관리되고 있음을 전합니다.

인간의 모든 만남과 이별속에
당신의 본영은 늘 함께하고 있으며
당신의 상위자아 역시 늘 함께하고 있으며
당신의 몸에 들어와 평생을 당신과 함께하고 있는
천사님들 역시 함께하고 있음을 잊지 마시기 바랍니다.

세상에 우연히 일어나는 일은 없습니다.
세상에 우연한 만남은 없습니다.
세상에 우연한 이별 또한 없습니다.

일어날 일이 나에게 일어나고 있는 것이며
일어나기로 예정된 일이 일어나고 있는 것입니다.

세상에서 가장 슬픈 일은
오늘도 내일도
나에게 아무 일도 일어나지 않는 것입니다.

나에게
가장 슬픈 일이 일어나고 있는 것 역시
일어날 일이 일어나고 있는 것입니다.

만남의 기쁨도
이별의 아픔도
당신에게 일어날 일들이 일어난 것입니다.

하늘의 인연법 앞에서는

하늘의 인연법 속에
부모는 자식의 영혼을
하늘에서 땅으로 운반하는 영혼 운반자입니다.

하늘의 인연법 속에
부모는 자식의 영혼을 선택할 수는 없지만
자식은 부모를 선택할 수 있으며
자식은 부모를 찾아온 귀한 하늘의 손님입니다.

하늘의 인연법 속에
부모는 자식에게 평생 빚을 갚아야 하는 빚쟁이로 살아야 합니다.
하늘의 인연법 속에
부모와 자식은 조건없는 사랑을 배우라고
하늘에서 맺어준 귀한 인연들입니다.

하늘의 인연법 속에
가족은 서로에게 빚진 것들이 많은 영혼들끼리
갚아야 할 것을 갚고
받아야 할 것을 받기 위해
물보다 진한 피를 나누어 한곳에 모여
해원상생 하도록 맺어준 귀한 인연들입니다.

하늘의 인연법 속에
만나야 할 사람은 반드시 만나게 하여
맺어야 할 것은 맺게 하고
풀어야 할 것은 풀게 하기 위해
큐피드의 화살을 통해
그이와 그녀는 오늘 사랑을 막 시작하였습니다.

하늘의 인연법 속에
인연이 다한 사람들인
헤어져야 할 사람은 반드시 헤어지게 하여
하늘에서 약속한 그 길을 갈 수 있도록
남아 있는 정마저도 뚝 떨어지도록
하늘의 보이지 않는 손이 작용하고 있습니다.

하늘의 인연법 앞에서는
부부지간이라도
서로의 영혼이 가야할 곳이 다릅니다.

하늘의 인연법 앞에서는
부모와 자식 사이일지라도
서로의 영혼이 갈 곳이 다릅니다.

하늘의 인연법 앞에서는
부모와 형제 사이일지라도
서로의 영혼이 머물러야 할 곳이 다릅니다.

하늘의 인연법 앞에서는
피를 나눈 형제지간이라도
온 곳이 다르듯 가는 곳 또한 다릅니다.
하늘의 인연법 앞에서는
피를 나눈 자매지간이라도
사는 이유가 다르듯 가야할 곳이 다릅니다.

하늘의 인연법 앞에서는
피를 나눈 남매지간이라도
온 이유가 다르듯 가는 이유가 서로 다릅니다.
하늘의 인연법 앞에서는
피를 나눈 가족일지라도
남을 이유와 떠나는 이유가 서로 다릅니다.

하늘의 인연법 앞에서는
정을 나눈 이웃사촌일지라도
만난 이유가 다르듯 떠나는 이유 또한 서로 다릅니다.
하늘의 인연법 앞에서는
죽고 못 사는 연인일지라도
사랑하는 이유가 다르듯 헤어지는 이유 또한 다릅니다.

하늘의 인연법 앞에서는
함께하지 못하면 그것이 이별인데
당신은 어디서 이별을 찾고 있는가?

하늘의 인연법 앞에서는
함께 할 수 없으면 그것이 이별인데
당신은 어디서 이별을 찾고 있는가?
하늘의 인연법 앞에서는
당신이 진리를 들었을 때
당신이 진리를 보았을 때
당신이 진리를 만났을 때
당신의 가슴에 당신이 심고 가꾸어 놓은
진리에 공명할 수 있는 하늘의 마음이 없다면
그것이 이별인데
당신은 어디서 이별을 찾고 있는가?

하늘의 인연법 앞에서는
당신이 진리를 만났을 때
당신이 진리를 보았을 때
당신이 진리를 들었을 때
당신의 가슴에 하늘이 심고 가꾸어 놓은
진리에 공명할 수 있는 진리의 씨앗이 없다면
그것이 이별인데
당신은 어디서 이별을 찾고 있는가?

하늘의 인연법 앞에서
생사의 갈림길에 서 있는 인류에게
함께 갈 수 없으면 그것이 이별인데
당신은 어디서 이별을 찾고 있는가?

가족관계와 윤회의 법칙

만나야 할 사람은 반드시 만나게 되어 있습니다.
만나야 할 사람들은 반드시 만나게 하기 위해
우연을 가장하여
큐피드 화살을 통하여
두 남녀의 만남은 이루어지고 있습니다.

두 남녀가 만나서 사랑이라는 감정을 느끼고
결혼을 하여 가족을 이루는 것이
두 사람의 자유의지처럼 보일 것입니다.
그 내용의 실상을 알고 나면
두 남녀의 만남을 통한 가족의 인연들은
만나야 할 인연이 있어 만나는 것입니다.
서로 만나서 풀고 맺어야 하는
하늘의 인연법이 있기에
우연을 가장하여 일어날 일이
나에게 일어나고 있는 것입니다.

남녀가 만나 가족을 형성하기까지
수많은 3차원적인 계산서들이 오고 갑니다.
남녀가 만나 가족을 형성하기까지
수많은 고민과 갈등을 거치게 됩니다.

남녀가 만나 첫눈에 반해 사랑을 하고
가족을 형성하기까지
하늘의 에너지가 참 많이 들어가고 있습니다.

그이와 그녀가 만나서 가족을 이루기까지
참 많은 하늘의 에너지가 들어가고 있습니다.
그이와 그녀가 만나
서로에게 호감을 느낄 수 있도록 하기 위해
참 많은 큐피드의 화살들이 동원되고 있습니다.
사랑에 눈이 멀어
그 사람의 장점만을 볼 수 있도록 하기 위해
긍정적인 감정이 나올 수 있도록
많은 천사님들이 참 많은 에너지를 쓰고 있습니다.

만나야 할 사람을 만나게 하기 위해
인연이 아닌 사람을 정리하기 위해
보이지 않는 하늘의 손인 천사들이
많은 애를 쓰고 있습니다.
만나야 될 사람끼리 만나서
하늘에서 계획한 프로그램대로 진행하기 위해
인정사정없이
두 사람의 가슴을 뛰게 하여
속전속결로 가족을 이루도록
참 많은 보이지 않는 세계의 지원이 있습니다.

원수들끼리 만나게 하기 위해
원수라는 것을 눈치채지 못하게 하기 위해
풀어야 할 카르마가 있다는 것을 모르게 하기 위해
겨울에 흰눈이 내려 모든 것을 감추듯
인연법 속에 판도라의 상자를 열게 하기 위해
하늘의 에너지체들이 최선을 다한 결과
가족이 탄생됩니다.

가족이라는 인연법의 기초는
개인과 개인과의 카르마의 법칙과
우주의 카르마에 의해 결정됩니다.
가족과 관련된 인연법이
물질세계에서 가장 질기고 끊기 힘든 인연의 고리인 이유가
가족들간의 사랑이 깊고
가족들간의 믿음이 강해서가 아닙니다.
가족들끼리
풀어내야 할 카르마가 많고
얽히고설킨 카르마 에너지가
그만큼 강하게 작용하고 있기 때문입니다.

서로 만나야 카르마를 해소할 수 있습니다.
가족이라는 인연법의 테두리가
하늘의 입장에서 보면
서로의 카르마를 풀 수 있는
최적의 장소이자 최적의 기회가 되는 것입니다.

가족관계는
물질 세상에서 가장 중요한 생활 공동체입니다.
가족관계를 중심으로
풀어야 하는 카르마가 있는 영혼들끼리
가족을 형성하게 됩니다.
전생에 내 자식이 연인이나 부부로 오기도 합니다.
전생에 내 부인이 내 딸이나 아들로 오기도 합니다.
할아버지나 할머니가 내 자식으로 오기도 합니다.

서로 입장을 바꿔가면서
가해자가 피해자가 됩니다.
서로 입장을 바꾸어서
피해자가 가해자가 되어 태어나게 됩니다.
때로는 평생 원수인 부부로
때로는 평생 빚쟁이인 부모와 자식의 관계로
때로는 평생의 동반자인 금슬 좋은 부부로
때로는 남보다 못한 관계로 살고 있습니다.
인연의 고리들을 끊지 못하는 사람들끼리
한곳에 모아놓고 윤회의 수레바퀴를 돌리고 있는 곳이
가족이 갖는 의미입니다.

하늘의 입장에서 보면
연인관계나 부부관계나 가족의 인연들은
카르마와 인연법에 얽힌 관계로 만났다고 해서
꼭 나쁜 것은 아닙니다.

카르마를 많이 남기는 삶을 살았다면
그만큼 그 영혼은 진화를 한 것이며
흥미진진하고 드라마틱한 삶을 살았다는 증거입니다.

하늘의 입장에서 보면
가족간의 인연법의 테두리에서
카르마를 푼다는 것은
밀린 숙제를 하는 것이며
빚진 것을 갚는 것이며
반대의 에너지를 체험하는 것입니다.

하늘의 입장에서 보면
가족관계속에 펼쳐진 카르마의 법칙은
영혼의 진화 과정상
프로그램에 적합한 인연들을
본영이 기획하고 연출한 프로그램일 뿐입니다.

가족이 형성되는
우주적 이치와 순리를 알고 나면
가족에 대한 집착이 얼마나 부질없는가를
느끼게 될 것입니다.
의식의 각성이란 이렇게
상식의 수준을 뛰어넘어야 하는 부분이 존재하기에
노력을 한다고 수행을 한다고
의식의 각성을 이룰 수 있는 것이 아닙니다.

의식의 각성이란

행복하고 달콤한 꿈을 꾸다

잠을 깨는 것만큼

허망하고 덧없음을 아는 것입니다.

모든 얽힘과 섥힘의 중심 자리에 가족이 있습니다.

가족관계는 성과 권력에 대한

욕망과 모순이 모여있는 곳이며

모든 갈등이 자리잡고 있는 곳입니다.

삶의 모순이 시작되는 곳이 가족이며

삶의 행복이 시작되는 곳 또한 가족이기에

각자의 삶의 무게만큼

인연법과 카르마의 무게만큼

가족의 의미는 사람마다 다르게 다가올 것입니다.

자신의 삶의 무게에서

가족이 주는 삶의 무게가 가벼운 사람일수록

그동안의 수많은 세월동안

카르마를 풀어내고 해원을 한 것입니다.

자신의 삶의 무게에서

가족이 주는 삶의 무게가 무거운 사람일수록

풀지 못한 숙제들이

풀어내야 할 숙제들과 밀린 숙제가

아직 많이 남아있다는 증거입니다.

우주에서 카르마는 오직 당사자들끼리

서로 입장을 바꿔가며

역할을 바꿔가며

반드시 풀고 가야할 숙명과도 같은 것입니다.

그 속에 가족이 있으며

나의 연인이 있으며

내 친구가 있으며

내 동료가 있으며

내 스승이 있으며

내가 만나는 모든 사람들과의 인연법의 고리들이

거미줄처럼 얽혀있는 것입니다.

이것이 3차원 물질 세상이 운영되는

우주적 원리입니다.

이러한 복잡한 인연법의 관계속에

나의 삶이 있는 것입니다.

우리의 삶이 서로 연결되어 있는 것입니다.

누군가가 의식의 각성을 이룬다는 것이

누군가가 깨달음을 얻는다는 것이

얼마나 귀하고 얼마나 소중한지 모릅니다.

인연법에서 자유롭고

풀어야 할 카르마들이 해소된 사람만이

하늘의 문을 열 수 있기 때문입니다.

이러한 우주의 원리와

우주의 질서와 법칙이 있기에

빛의 일꾼들로 온 사람들이

왜 그렇게 남들보다 몇 배나 힘들고

고단한 삶의 연속이며

평범한 가족을 이루고 평범하게 사는 것이

왜 그토록 힘이 들었는지 이해가 되실 것입니다.

내가 가장 사랑하기 어려운 사람들을

가족이라는 울타리에 모아 놓고

이해하고

용서하고

사랑하고

행복하라고

당신은 지금

가족이라는 인연법의 중심에

아직 머물고 있는 것입니다.

몸의 기억과 카르마

몸은 기억하고 있습니다.
몸은 나의 과거를 기억하고 있습니다.
몸은 나의 아픔을 기억하고 있습니다.
몸은 나의 슬픔을 기억하고 있습니다.

카르마란 몸에 새겨 놓은 과거의 에너지입니다.
카르마란 몸에 새겨 놓은 아픔의 기록입니다.
카르마란 하늘이 내 몸에 새겨 놓은 에너지입니다.

카르마란
내 몸이 기억하고 있는 부정적인 에너지입니다.
내 몸에 새겨진 주홍글씨와도 같습니다.
카르마란
몸의 고통을 통해
몸의 통증을 통해
몸의 질병을 통해
반드시 체험을 통해 갚아야 되는 부채와도 같습니다.

몸은 과거와 현재를 이어주는 연결 고리입니다.
몸은 현재와 미래를 이어주는 연결 고리입니다.
몸은 기억하고 있습니다.

몸 속에 당신의 과거가 숨어 있습니다.
몸 안에 당신의 슬픈 사연이 담겨 있습니다.
몸 안에 당신이 이루지 못한 사랑의 슬픔이
깊게 새겨져 있습니다.

당신의 몸 속에는
당신이 기억하지 못하는 슬픔과 아픈 상처들이
카르마 에너지장의 형태로
에너지장의 형태로
에너지의 형태로
하늘에 의해 당신의 세포 하나 하나에 담겨져 있습니다.

당신의 몸 속에는
당신이 기억하기 싫은
당신 영혼의 슬프고도 아픈 사연들이
카르마 에너지장의 형태로
에너지장의 형태로
에너지의 형태로
하늘에 의해 세포 하나 하나에 새겨져 있습니다.

몸은 기억을 통해
몸에 나타나는 모순을 통해
몸에 나타나는 질병을 통해
몸에 나타나는 형상(꼴)을 통해
당신의 과거의 삶의 흔적과 연결되어 있습니다.

영은 의식을 창조합니다.
혼은 감정과 에고를 창조합니다.
백은 몸의 정령을 말합니다.
영혼백 에너지는 항상 동행합니다.
영혼백 에너지는 영혼의 물질 체험이 이루어질 때는
파트너로서 늘 함께 합니다.

영은 사고조절자 속에 체험을 기록합니다.
혼은 상념체 속에 체험을 기록합니다.
백은 몸 속에 기록합니다.
영혼백의 에너지는 각자의 방식으로
인간으로 살았던 당신의 삶을 기록하고 있으며
기억하고 있습니다.

몸의 정령은
영혼이 물질 체험을 하는 과정에서 발생한
육체적인 아픔과 고통과 상처 등을
몸 속에 기록으로 남기게 됩니다.
몸의 정령은
영혼이 물질 체험을 하는 과정에서 발생한
정신적인 아픔이나 고통, 번뇌와 갈등 등을
몸 속에 기록으로 남기게 됩니다.

당신은 그 사람을 잊었지만
당신의 몸은 당신의 애인의 몸을 기억합니다.

당신은 그 사람을 잊었지만
당신의 몸은 당신이 만났던 여인들을 기억하고 있습니다.
당신은 그 사람을 잊었지만
당신의 몸은 당신의 마음을 아프게 했던
그 사람을 기억하고 있습니다.

당신은 그날 그때의 기억을 잊었지만
당신의 다리를 크게 다치고
당신의 머리를 다쳐서 죽은 그날의 흔적들을
당신의 몸 속에 새겨 놓았기에
당신은 다리가 남들보다 약하고
당신에게 원인을 알 수 없는 두통으로 나타나고 있는 것입니다.

당신은 그날의 절망과 슬픔을 잊었지만
당신의 몸은 기억하고 있습니다.
가족을 남겨두고 전쟁에서 죽음을 맞이하는
슬픔과 고통이 몸에 기록으로 남아 있습니다.
전쟁통에 자신의 딸이 청나라로 끌려갔다가
환향녀가 되어 다시 만난 아버지와 딸이 느꼈을
서로에 대한 미안함과 연민의 에너지들은
몸 속에 또렷하게 기록되어 있으며
몸 속에 새겨져 있습니다.
과거 속의 환향녀의 사연이 있는 아버지와 딸은
몸을 통해서 과거를 기억할 수 있으며
몸을 통해서만 그날의 감정들을 느낄 수 있는 것입니다.

영혼은 몸을 통해 과거를 기억합니다.
영혼은 몸에 있는 감각이나 감정으로
서로를 기억할 수 있으며 공명할 수 있습니다.
영혼은 느낌이나 직관을 통해
서로의 에너지에 교감할 수 있으며
서로의 에너지에 공명할 수 있습니다.

몸이 이유도 없이 아프다는 것은
몸이 과거의 에너지를 풀어놓고 있는 것입니다.
몸이 원인도 알 수 없이 아프다는 것은
몸에 새겨놓은 과거의 에너지가 작동되고 있는 것입니다.
몸이 안 아픈 날보다는 아픈 날이 더 많은 것은
타인을 아프게 했던 그날의 그 에너지가
하늘에 의해 내 몸에 새겨져 있던 것이
카르마를 해소하기 위해
그날의 그 에너지를 내 몸이 똑같이 겪고 있는 것입니다.

몸은 몸을 기억합니다.
몸은 감정을 통해 그때의 그 에너지를 기억합니다.
몸은 느낌으로 그 사람을 기억합니다.
몸은 그 에너지를 그냥 알아보고 반응합니다.
영혼은 몸을 통해 기억을 합니다.

영혼은 영혼의 물질 체험 과정에서 발생한 카르마를
몸을 통해서 해소할 수밖에 없습니다.

영혼은 몸을 통해서 서로를 사랑할 수 있으며
영혼은 몸을 통해서 사랑을 확장할 수 있습니다.

몸에는 나의 과거가 새겨져 있습니다.
몸에는 나의 과거가 기록되어 있습니다.
몸을 통해서만 카르마 에너지를 해소할 수 있습니다.
몸은 현재와 과거가 공존하고 있는 곳입니다.
몸은 현재와 미래가 공존하고 있는 곳입니다.
몸을 통해 인간은 과거와 현재와 미래를 함께 하고 있습니다.

몸과 몸 사이의 꿈의 대화는
몸으로 하는 소통이며
몸으로 하는 대화이며
몸으로 느끼는 행복이며
몸을 통해 이루어지는 해원상생입니다.

나를 힘들게 하는 사람들

내가 만나는 모든 사람들은
나의 의식의 성장을 위해 준비된
고마운 스승들입니다.

내가 만나는 모든 사람들은
나의 영혼의 물질 체험을 위해 준비된
고마운 영혼들입니다.

나를 힘들게 하는 사람 중에
도저히 이해할 수 없고
도저히 용서할 수 없는 사람이 있다면
그 사람은 당신에게
이해와 용서를 배울 수 있도록 하기 위해
하늘의 인연법을 통해
당신의 인생에 초청된 비중있는 배우이자
악역의 배역을 맡고 있는
참 소중한 사람입니다.

내가 만나고 있는 사람들 중에
나에게 사랑의 아픔과 시련을 겪게 하거나
나를 정말로 힘들게 하는 이성이 있다면

당신에게 사랑의 본질을 배우게 하기 위해

사랑의 소중함을 깨닫게 하기 위해

당신이 당신의 에고를 뛰어 넘는

참사랑을 배울 수 있도록 하기 위해서입니다.

나에게 사랑의 아픔과 이별의 아픔을 주고 있는 사람은

하늘이 당신을 위해 준비한

당신의 천생연분이 아닌

사랑의 아픔과 이별의 고통을 통해

당신의 의식을 전환시키기 위해

마타하리가 작전중에 있는 것입니다.

내가 만나고 있는 사람들 중에

나를 정말로 힘들게 하는 사람이 있다면

당신이 머리로는 이해하고 있는

이해와 용서와 사랑의 본질을

가슴으로 배우게 하기 위해

하늘에서 당신을 위해 준비한 사람이

당신의 삶에 초청되어

약속된 곳에서

약속된 시간에

약속된 플레이를 하고 있는 것입니다.

내가 만나고 있는 사람들 중에

내 인생에 아무런 도움이 되지 않고

내 인생에 걸림돌이 되는 사람이 있다면

그 사람은
하늘이 당신을 위해 준비한
당신이 지고 가야하는 인생의 등짐이자
당신의 삶에 걸어둔 의도된 삶의 모순입니다.

사람이 살다보면
서로의 마음을 아프게도 하지만
내가 변하고
나의 에고와 집착이 사라지고 나면
그 순간이
그 상황이
그 체험이
나의 영혼의 성장에
꼭 필요한 과정이었음을 알게 될 것입니다.

당신의 의식이 깨어나고 나면
내 영혼의 성장을 위해서
내가 그 상황을 원했으며
내가 그 상황을 선택했으며
나에게 그 상황이 꼭 필요했음을 알게 될 것입니다.

당신이 의식이 깨어나고 나면
사람이 산다는 것이
서로에게 상처를 주기도 하고
서로에게 상처를 받으며 사는 것이라는 것을 알게 될 것입니다.

당신이 의식이 깨어나
세상을 보는 눈이 달라지고 나면
기쁘고 즐겁고 행복한 경험을 통해서
배울 수 있는 것보다는
힘들고 어렵고 고통스러운 경험을 통해서
당신의 영혼은 더 많이 성숙해지고
당신의 영혼은 철이 들었음을 때가 되면 알게 될 것입니다.

주변에 나를 힘들게 하는
너무 많은 스승 때문에 힘들어 하고 있다면
당신은 아주 희망이 많은 사람입니다.

그때는
죽을 만큼 힘들었던 그때가
영혼의 입장에서 보면
인생의 황금기라는 것을 알 것입니다.
죽고 싶을 만큼 힘들었던 그때가
당신의 영혼의 성장을 위해
얼마나 소중한 기회였는지 알 것입니다.

도망치고 싶고
모든 걸 내려놓고 싶고
한 치 앞도 보이지 않는 상황속에서
한번도 가보지 않은 길을 가야하는
두려움과 외로움의 길에서

당신이 어떻게든 살아 보겠다고
한걸음을 뗄 때마다
당신의 영혼은 얼마나 기뻐하는지
당신은 모르실 것입니다.

이것이 영혼이 물질 체험을 하는 이유이며
그것이 영혼이 진화를 빠르게 하는 방법이며
이것이 당신이 이 땅에 태어나 살고 있는 이유입니다.

주변에 당신을 힘들게 하는 사람이 많아 고민이십니까?
그들은 당신의 영혼의 성장을 위해
당신에게 최적화된
당신을 위해 준비된 최고의 스승들입니다.

나를 힘들게 하는 사람들은
나의 삶을 풍부하게 하기 위해
나의 영혼의 물질 체험을 풍부하게 하기 위해
하늘이 엄격한 선별 과정을 통해
당신의 공부를 위해 준비된
스승들임을 잊지 마시기 바랍니다.

서로가 서로에게 좋은 스승이 되어 주기로
약속된 사람들끼리 서로 만나서
약속을 지키는 과정이
산다는 것이 갖는 의미입니다.

나를 정말로 힘들게 하는 것은
내 주변의 사람들이 아니라
나 자신이었다라는 것을 아는 사람은
일찍 철이든 사람일 것입니다.

나를 정말로 힘들게 하는 것은
내 주변의 사람들이 아니라
하늘이었음을 아는 사람은
의식이 깨어난 사람일 것입니다.

나를 정말로 힘들게 한 것은
내 주변의 사람이나
내 주변의 상황이나 형편이 아니라
내가 알 수 없는 상대인
하늘이 나를 상대하고 있음을 눈치챈 사람은
분명 의식이 깨어난 사람일 것입니다.

나를 힘들게 하는 사람들은
당신의 삶을 빛내주기 위해
당신의 삶에 초청된 배우들입니다.
나를 힘들게 하는 사람들이 있기에
당신의 삶이 아름답게 빛나고 있는 것이며
나를 힘들게 하는 사람들이 있기에
그 속에서 당신은
꽃보다 아름다운 사람이 될 수 있는 것입니다.

당신은 그런 사람입니다

누군가에게
당신은 그런 사람입니다.

누군가에게
당신은 지금도
가슴을 설레이게 하는 사람입니다.

누군가에게
당신은 지금도 그리운 사람이며
누군가에게
당신은 여전히 소중한 사람입니다.

누군가에게
당신은 소중한 첫사랑의 기억으로 남아 있습니다.
누군가에게
당신은 소중한 인연을 만들어 줄 수 있는 사람입니다.

당신이 아무도 모르게
누군가를 위해서 기도를 한 것처럼
누군가 지금 당신을 위해서 아무도 모르게
기도를 하고 있다는 것을 잊지 마시기 바랍니다.

누군가에게 당신은
친절한 사람이었습니다.
누군가에게 당신은
마음이 따뜻한 사람이었습니다.
누군가에게 당신은
참 아름다운 사람이었습니다.
누군가에게 당신은
지금도 참 좋은 사람입니다.

누군가에게 당신은 좋은 스승이었습니다.
누군가에게 당신은 좋은 형님이었으며
누군가에게 당신은 좋은 언니였습니다.
누군가에게 당신은 여전히 좋은 사람입니다.

누군가에게 당신은
희망이었습니다.
누군가에게 당신은
행복을 주는 사람이었습니다.
누군가에게 당신은
행운을 가져다 주는 사람이었습니다.
누군가에게 당신은
큰 나무였습니다.
누군가에게 당신은
좋은 그늘이 되어 주었습니다.

누군가는 당신을
참 좋은 사람으로 기억하고 있다는 것을
잊지 마시기 바랍니다.
누군가의 기억속에서
당신은 참 좋은 사람이 되어
함께하고 있음을 잊지 마시기 바랍니다.

누군가에게
당신은 지금도 참 좋은 사람입니다.

이별할 때 지켜야 할 3가지 원칙

사람은 살면서 수많은 사람들을 만나고
헤어지기도 하면서 살아갑니다.

여기
가슴에 담아두고 가야 할
이별을 앞두고 있는 사람들에게 주는
공자의 가르침이 있습니다.
공자는 군신관계를 가지고 설명했는데
군신관계뿐 아니라
스승과 제자, 연인이나 이해관계 속에서
이별하는 사람들에게 전하는
공자님의 말을 들어보시길 바랍니다.

첫번째
신하가 이별을 청하면
군말 없이 보내주되
국경까지 배웅을 하며 예의를 다해 보내준다.

두번째
그가 가는 조정에 그보다 먼저 사신을 보내
그의 장점을 알려준다.

세번째

이별한 신하를 위해
삼년간은 기다려 주어라.

공자님은 이렇게 이별을 할 때도
군자의 도를 다하라고 가르치셨습니다.

세상살이에 정답이 없고
수많은 스쳐가는 인연이 있는 모든 사람에게
공자님 가르침처럼 할 수는 없습니다.
애인도 미련이 있어야 다시 만나는 것이
세상살이의 보편적 인심입니다.
내 가슴을 스치고 간 사람과의 이별 뒤에
그를 향한 기다림은
그 사람에 대한 미련이 아닌
그 사람에 대한 예의를 다하는 것입니다.

그래서 이별을 할 때에는
이별은 길게 하고
슬픔은 짧게 하라고 했나 봅니다.
더 나아가서
슬프지만 마음은 다치지 않게 하라는
애이불상(哀而不傷)이라는 옛말도 스쳐갑니다.

이별도 준비해야 합니다.

헤어짐 또한 새로운 만남의 시작입니다.
이별의 아픔과 슬픔은
정이 깊을수록
마음을 나눈 사람일수록
사랑하는 사이일수록 더 힘든 법입니다.

이별을 할 때도
사람에 대한 예의가 있어야 함을
수많은 사람들을 잃고 나서야 알게 되었습니다.
이별을 할 때도
인간에 대한 믿음이 있어야 함을
수많은 사람들이 떠나간 뒤에야 알게 되었습니다.

이별을 한 뒤에도
그 사람에 대한 그리움이 있어야 함을 알았습니다.
이별을 한 뒤에도
인간에 대한 예의가 있어야 함을 알았습니다.
이별을 한 뒤에도
사람에 대한 그리움과 인간에 대한 예의가 있어야
이별이 완성된다는 것을 알았습니다.

이별을 준비하는 당신에게도
사람에 대한 예의와 함께
사람에 대한 그리움이 함께하기를 바랍니다.

이별을 앞두고 있는 당신에게도
인간에 대한 예의와 함께
인간에 대한 믿음이 함께하시길 바랍니다.

준비하지 못한 이별을 하셨다면
마음을 다치지 않기를 바랍니다.
마음이 다치고 난 뒤
마음의 문마저 닫히고 나면
그리움이 머물 곳이 없어지게 됩니다.

그리움이 머물지 못하는 이별과
그리움이 사라진 이별의 끝에는
또 다른 아픔이 찾아온다는 것을
아직 이별이 끝나지 않았음을
철이 들어서야 알게 되었습니다.

세상살이에 정답은 없습니다.
만남과 이별에도 정답은 없습니다.
꼭 해야 되는 이별도 있으며
꼭 하지 않아도 되는 이별 또한 있습니다.

꼭 해야 되는 이별이 있다면
가슴을 닫고 하시기 바랍니다.
자신의 에고와의 이별은
가슴을 꼭 닫은 채 하시기 바랍니다.

자신의 이기심에서 나오는
욕심과 욕망과의 이별을 할 때는
가슴을 꼭 닫은 채
과감하고 결단력 있고
신속하게 하시기 바랍니다.

사람과 사람 사이에
이별의 시기가 오고 있습니다.
사람과 생명체 사이에도
이별의 시간이 오고 있습니다.
생명체와 생명체 사이에도
이별의 시간이 오고 있습니다.

지금은
이별을 준비해야 하는 시기입니다.

인류의 건승을 빕니다.

이별을 어디서 찾고 있는가?

함께 갈 수 없으면
그것이 이별인데
이별을 어디서 찾고 있는가?

여리고 여린 인간의 마음으로
사랑의 푸른 꿈을 꾸고 있는 그대에게
나와 당신이 함께 열어야 하는
사랑의 판도라 상자 앞에서
왜 그대는 두려워하고 있는가?

가슴을 닫지 못한 채
여리고 여린 인간의 마음으로
한번도 가보지 않은 길을 가고자 하는 그대에게
당신과 내가 함께 열어야 하는
하늘이 준비한 판도라 상자 앞에서
함께 열 수 없다면
그것이 이별인데
어디서 이별을 찾고 있는가?

흔들리는 마음으로
아무도 가보지 않은 길을 가고자 하는 그대에게

흔들리는 마음으로
아무도 가고 싶지 않은 그 길을
가야한다는 것을 알고 있는 그대에게
같이 갈 수 없다면
그것이 이별인데
어디서 이별을 찾고 있는가?

세상 사람들에게
마음을 다치고 다쳐
상처투성이인 당신의 마음으로
또 다른 연인을 만나면
사랑의 굳은 맹세를 하려고
준비하고 있는 그대에게
함께 할 수 없으면
그것이 이별인데
왜 이별을 서두르고 있는가?

하늘의 좁은문 앞에서는
죽고 못 사는 연인이라 할지라도
서로 갈 길이 다르다는 것을 알지 못한 채
그대는 사랑의 푸른 꿈을 꾸고만 있는가?
함께 할 수 없으면
그것이 이별인데
왜 이별을 준비하지 않는가?

하늘의 좁은문 앞에서는
피를 나눈 형제라 할지라도
서로 갈 길이 다르다는 것을
왜 알지 못하는가?
하늘의 좁은문 앞에서는
피를 함께 나눈 자식이라 할지라도
서로 갈 길이 다르다는 것을
그대는 왜 알지 못하고
가슴을 닫지 못하고 있는가?
같이 갈 수 없다면
그것이 이별인데
왜 아름다운 이별을 준비하지 않는가?

하늘의 좁은문 앞에
같이 가지 못하면
그것이 이별인데
이별할 것과는 이별하지 못하고
흔들리는 마음으로
윤회의 수레바퀴를 다시 돌리려고 하는가?

하늘의 좁은문 앞에서
해는 저물고 갈 길은 멀고
밤은 길고 번뇌는 깊어지는데
흔들리는 마음으로
그대는 지금 무엇을 하려 하는가?

하늘의 좁은문 앞에서
바람은 불어오고
낙엽은 지고 있는데
세상은 분주하고
세상은 소란한데
하늘 사람인 그대는
지금 어디서 무엇을 하고 있는가?
같이 갈 수 없으면
그것이 이별인데
이별을 어디서 찾고 있는가?

당신의 영혼이 있어야 할 곳으로
당신의 영혼이 가야할 곳으로
기차는 8시에 떠나는데...

하늘의 좁은문 앞에서
같이 갈 수 없다면
그것이 이별인데
이별을 어디서 찾고 있는가?

아무도 모르는 비밀

당신이 지금 이 모양 이 꼴로 살고 있는 데는
아무도 모르는 비밀이 숨어 있습니다.
당신이 그렇게 마음에 안드는
누군가의 삶에도
아무도 모르는 비밀이 숨어 있습니다.

세상은 늘 이 모양 이 꼴일 수밖에 없으며
내가 이 모양 이 꼴로 살 수밖에 없는
내 삶에도
아무도 모르는 비밀이 숨어 있습니다.

도저히 상식적으로 이해할 수도 없고
도저히 상식적으로 납득할 수도 없고
도저히 용서할래야 용서할 수도 없는
인간의 행동 뒤에는
아무도 모르는 비밀이 숨어 있습니다.

판 안에서는 판 밖을 볼 수 없습니다.
판 밖을 보려면 판 밖으로 나와야 되지만
당신이 판 밖으로 나오지 못하는 이유 역시
아무도 모르는 비밀이 숨어 있습니다.

판 안에서는 큰 판을 볼 수 없습니다.
큰 판을 보려고 애쓰는 당신이
큰 판을 만들어 그곳에서 한판 크게 놀기 위해 애쓰는 당신이
지금의 의식 수준을 벗어나지 못하는 이유 역시
아무도 모르는 비밀이 숨어 있습니다.

연예인들의 만남과 헤어짐에도
몰카를 찍다가 직장을 잃은 누군가의 삶에도
아무도 모르는 비밀이 작동되고 있는 것입니다.
일본이 한국에게 저렇게 행동하는 것도
아무도 모르는 비밀이 작동되고 있는 것입니다.

모든 것을 잃고
노숙자의 삶을 살고 있는 누군가의 삶에는
우주의 비밀이 숨어 있습니다.
참 답답하게 살고 있는 당신의 삶에도
하는 일마다 되는 것이 없고
하는 일마다 되는 일이 없는 삶 속에도
오늘 같은 내일을 살고 있는 당신의 삶에도
아무도 모르는 우주의 비밀이 숨어 있습니다.

이혼한 과부의 삶에도
귀신들린 사람의 삶 속에도
치매에 걸린 할머니의 삶 속에도
수능에 떨어진 수험생의 삶 속에도

유부남과 사랑에 빠진 아가씨의 삶 속에도
유부녀와 사랑에 빠진 유부남의 삶 속에도
아무도 모르는 우주의 비밀이 숨어 있습니다.

아무도 모르는 비밀을
누군가는 팔자라고 알고 있으며
누군가는 그렇게 믿고 있습니다.

아무도 모르는 비밀을
누군가는 카르마라고 알고 있으며
누군가는 그렇게 믿고 있습니다.

아무도 모르는 비밀을
누군가는 신의 뜻이라고 알고 있으며
누군가는 하늘의 뜻이라고 믿고 있습니다.

아무도 모르는 비밀을
누군가는 매트릭스라고 알고 있으며
누군가는 천라지망이라고 믿고 있습니다.

아무도 모르는 비밀을
누군가는 우주의 순리라고 알고 있으며
누군가는 우주의 비밀이라고 믿고 있습니다.
누군가는 우주의 이야기라고 합니다.

그냥 살고 있는 것처럼 보이는
누군가의 삶 속에도
하늘의 비밀이 숨어 있기에
우주의 비밀이 숨어 있기에
오늘을 살아가고 있는 것입니다.

초라하게 살고 있는 나의 삶 속에도
평범하게 살고 있는 당신의 삶 속에도
나와 동시대를 살아가고 있는
모든 인간의 삶 속에는
지금의 인류의 의식의 눈높이에서
이해될 수 없는
아무도 모르는 하늘의 비밀이 숨어 있습니다.

아무도 모르는 하늘의 비밀이 있기에
영혼의 물질 체험은 이루어질 수 있습니다.
아무도 모르는 우주의 비밀이 있기에
내 삶은 오늘도 지속될 수 있는 것입니다.

평범해 보이는 당신의 삶이 소중한 이유는
하늘의 비밀을 품고 살고 있기 때문입니다.

참 답답하게 살고 있는
당신의 삶이 소중한 이유는
우주의 비밀을 품고 살고 있기 때문입니다.

참 한심하게 살고 있는 당신의 삶이
그토록 눈부시게 아름다운 이유는
우주의 비밀들을 당신의 삶 속에서
엉킨 실타래를 풀어내듯 힘겹게 살고 있기 때문입니다.

당신의 삶 속에는
우주의 슬픈 이야기가 숨겨져 있습니다.
당신의 삶 속에는
우주의 슬픈 역사가 함께하고 있음을
잊지 마시기 바랍니다.
당신의 삶 속에는
당신의 영혼이 우주에서 겪은 흥미진진한 우주의 이야기와
우주의 아픈 역사가 함께하고 있음을
잊지 마시기 바랍니다.

우주는 이야기로 되어 있습니다.
당신이 체험하고 있는 당신의 삶 또한
이야기의 형태로 누군가에게 전해질 것이고
이야기의 형태로 누군가에게 기억될 것입니다.

우주의 역사속에 새겨진
당신 영혼이 남긴
당신의 슬픈 이야기들이
당신을 위해
하늘에 의해 준비되어 있음을 전합니다.

우주는 이야기로 되어 있습니다.
이것이 아무도 모르는 우주의 비밀입니다.

당신의 영혼이 이 우주에서 겪은
슬픈 이야기가 준비되어 있음을 전합니다.

우주에서
잘못되는 것은 아무것도 없습니다

우주에선 아무것도 잘못되는 것은 없습니다.
그렇게 생각하는 마음이 거기에 있을 뿐입니다.
모두가 내 선택이며
미안해 할 것도 없습니다.

삶의 여정은
누구에게나 고유하고 다양합니다.
자신과 다른 모습을 하고
다른 삶을 사는 것처럼 보이는 것일 뿐
누구에게나 삶의 무게는 공평합니다.

지금 내 삶이 고단하고
어렵게만 느껴진다 해도
그 시련은 자신에게 도움이 되고
필요해서 체험하는 것입니다.

나보다 쉽게 사는 사람은
이미 나와 같은 과정을 겪고 난 영혼이거나
아직 시련을 겪지 않았을 뿐입니다.
이 우주에서 당신이 손해볼 것은
아무것도 없어요.

그냥 가던 길을 가듯 가고
오던 길을 오면 됩니다.
아무에게도 미안하다거나
잘못됐다고 생각하지 마세요.

이 우주에선 잘못되는 것은 아무것도 없습니다.
필요해서 일어나고
인과가 있어 일어나는 것일 뿐
당신을 괴롭히고 아프게 하고
미워해서 일어나는 일은 결코 없으니까요.
삶에서 주어지는 시간이 누구에게나 공평하듯
신의 사랑은 공평하고 무한하기 때문입니다.

어떤 일이든 어떤 길이든 지름길은 있습니다.
그렇다고 지름길만 진리의 길이라고 외치는 사람은
조심해야 합니다.
그런 사람은 언제나 어디에든 있고
앞으로도 있을 거니까요.

무소의 뿔처럼 자신의 길을
혼자 가면 됩니다.
혼자가 외롭다면
길을 걷다가 만나는 사람과
길동무하면서 같이 가세요.

당신에게 잘못된 길을 간다고 비난할 사람은
세상에 아무도 없습니다.
당신을 아껴주고
당신을 진실로 진실로 사랑하는 사람일수록
당신의 결정을 존중해줄 테니까요.

당신은 성인이며
우주에서 지구까지 와서 3차원의 삶을 사는 영혼이라면
우주 최고 수준의 존엄한 존재입니다.

신의 사랑은 무한합니다.
한 번의 삶으로 배울 수 있는 것이 생각보다 많지 않습니다.
어떤 이는 천 번을 살아야 깨닫고
어떤 이는 오백 번
어떤 이는 백 번이면 충분한 사람도 있을 뿐입니다.

당신이 천 번의 삶과 죽음을 겪고도
아직 사랑이 부족하고
더 많은 물질적 풍요를 체험하고 싶고
권력과 명예를 가지길 원하고
더 많은 여성과 사랑을 나누기를 원한다고 해도
신은 언제나 당신 편이고 그렇게 될 것이며
신의 사랑은 시작도 끝도 없으며
당신의 영혼을 위해 준비된 우주의 사랑이
늘 당신과 함께할 것입니다.

우주의 법칙을 조금이라도 아는 사람이라면
그 누구라도 당신에게
아무것도 강요할 것도 없음을
아무것도 강요할 수 없음을 잘 아니까요.

삶을 즐기세요.
기회는 공평하고
신의 사랑도 늘 공평합니다.
우리 모두는 신의 자녀입니다.
내가 그토록 미워하고 시기하고 질투하는
심지어 나의 원수마저도
신이 가장 사랑하는 자녀들입니다.

아무것도 잘못되는 것은 없습니다.
당신은 삶을 통해서 신의 속성을 닮아가고
신이 되는 연습을 하는 것이니까요.
세상에 배움 아닌 것이 없으며
삶은 매 순간 선택이고
시작이고 완성이니까요.

세상에서
이 우주에서
아무것도 잘못되는 일은 없습니다.

제3부

사람의 마음 속 하늘의 마음

사람의 마음 속에는 양심이 있습니다.

양심은 사람의 마음에 심어 놓은

창조주의 의식이며 하늘의 마음입니다.

우리는 하늘의 마음인 양심을 통해

서로를 존중하는 법을 배우고

창조주의 의식의 품으로 돌아가야 하는

영혼의 여행자입니다.

영의 모나드 의식 영의 창조와 영의식

영은 무극에 있는 16차원인 천시원에서
창조주에 의해 탄생됩니다.
영은 창조주의 조물작용에 의해 천시원에서 창조됩니다.

영이 창조주의 조물작용에 의해 창조될 때
선천적인 사고조절자가 부여됩니다.
영이 창조주의 조물작용에 의해 창조될 때
진리의 영이 부여됩니다.
영이 창조주의 조물작용에 의해 창조될 때
거룩한 영이 부여됩니다.

영이 창조주의 조물작용에 의해
영의 고유성과 개체성을 상징하는
선천적인 사고조절자가 부여됩니다.
영이 창조주의 조물작용에 의해
선천적으로 부여되는 사고조절자의 특성에 따라
일반 영혼과 특수 영혼 그룹들이 결정됩니다.

영이 창조주의 조물작용에 의해
선천적으로 부여된 사고조절자의 특성에 따라
특수 영혼 그룹들은 다음과 같이 나누어집니다.

첫번째 그룹 : 행성 영단 관리자 그룹
창조주를 대신하여 행성을 운영하고 관리해줄
행성 관리자 그룹들이 창조됩니다.

두번째 그룹 : 차원 관리자 그룹
창조주를 대신하여 대우주의 차원을 관리하고 운영할 수 있는
차원 관리자 그룹의 영들이 창조됩니다.

세번째 그룹 : 천사 그룹
창조주를 대신하여 하늘의 행정 업무를 관리하고
영혼의 물질 체험을 관리하기 위한 천사들이 창조됩니다.

네번째 그룹 : 어둠의 일꾼인 멜기세덱 그룹
창조주를 대신하여 행성에 물질 매트릭스를 설치하고
행성에 어둠의 매트릭스를 설치하고 운영할
어둠의 역할을 담당할 천사 그룹과 영 그룹이 창조됩니다.
이들은 악역을 담당하며
어둠의 정부를 운영하며
어둠의 일꾼으로서 대우주에서 역할과 임무를 수행하게 합니다.

다섯번째 그룹 : 빛의 일꾼 그룹인 아보날 그룹
창조주를 대신하여 행성에 정신문명을 열고
창조주를 대신하여 창조주의 의식을 행성에 펼칠 수 있는
아보날 그룹들이 창조됩니다.

이들은 문명을 종결하는 문명 종결자이며
이들은 우주의 특수 군인들이며
이들 중에는 창조주의 에너지를 가지고 있는
단지파들이 있습니다.

여섯번째 그룹 : 원소 정령들과 요정들의 탄생
만물에 깃든 창조주의 신성의 표식으로
원소 정령들이 창조됩니다.
생명체에 깃든 창조주의 신성을 드러내고
생명체에 깃든 창조주의 신성을 확장하기 위해
요정들의 영의 창조가 이루어집니다.

일곱번째 그룹 : 특수한 역할의 에너지체들의 창조
창조주를 대신하여 특수한 임무와 역할을 수행하는
에너지체들의 영들이 창조됩니다.
항성(태양)에서 영혼의 물질 체험을 하는 영이 창조됩니다.
용들과 같이 특수화된 역할을 담당하는 영이 창조됩니다.
이외에 대우주를 운영하고 경영하는데 필요한 영들의 창조가
창조주의 조물작용에 의해
사고조절자의 조물을 통하여 이루어집니다.

영을 구성하는 사고조절자와 진리의 영과 거룩한 영 에너지의
특수한 결합 비율에 의해
창조주의 조물작용에 의해 영이 창조됩니다.

창조주의 조물작용에 의해 창조된 영이
처음으로 의식이 구현된 영의식을
우주에서는 영의 모나드 의식이라고 합니다.

영의 모나드 의식은
영이 창조주의 조물작용에 의해
무극의 천시원에서 처음 창조된 영에서
처음으로 발현되는 영의식을 말합니다.

영의 모나드 의식은
창조주의 조물작용에 의해 창조된 영이 가지고 있는
때묻지 않은 영의 순수의식을 말합니다.

영의 모나드 의식은
영의 고유성과 개체성을 상징하는 영의 순수한 의식입니다.

창조주의 조물작용에 의해 창조된 영은
영마다 독특한 파장과 진동수를 가지고 있습니다.
창조주의 조물작용에 의해 창조된 영이 가지고 있는
고유성과 개체성을 영의 모나드 의식이라고 합니다.

영의 창조와 영의식의 탄생 영의 모나드 의식에 대해
정리의 필요성이 있어
기록의 필요성이 있어
이 글을 우데카 팀장이 기록으로 남깁니다.

양심은 어디서 오는가?

영혼의 물질 체험을 하는 모든 영혼들은
양심을 가지고 살고 있습니다.
양심은 창조주께서 영에게 심어 놓은
창조주의 의식이며 하늘의 마음입니다.

양심의 기원은 창조주의 의식입니다.
양심의 기원은 창조주의 조물작용에 의해 창조된
최초의 영에서 구현된 영의식입니다.
양심의 기원은 영의 모나드 의식입니다.

양심은 창조주의 조물작용에 의해
영의 3가지 구성요소인
사고조절자와
진리의 영과
거룩한 영 에너지의 결합에 의해 탄생된
창조주의 의식에서 기원합니다.

양심은 무극의 세계인 16차원의 천시원에서
영이 창조되고 난 뒤
처음으로 구현되는 영의 모나드 의식속에 깃든
하늘의 마음과 창조주의 의식을 말합니다.

양심은 영이 창조될 때
영의 3요소의 결합 비율에 의해 발현되는
고유성과 개체성을 가진
영의 모나드 의식을 말합니다.

영의 모나드 의식은 영마다 모두 다릅니다.
이 우주에서 나와 똑같은 영의 모나드 의식을 가진 영은 없습니다.
영마다 구현되는 영의 모나드 의식이 다릅니다.
영마다 구현되는 영의 모나드 의식이 모두 다르기에
영의 고유성과 개체성이 존재할 수 있습니다.

영마다 구현되는 영의 모나드 의식이 다르기에
대우주에 똑같은 영혼은 없으며
당신의 영혼이 우주에서 특별한 이유입니다.
영마다 구현되는 영의 모나드 의식이 다르기에
영혼이 진화할 수 있는 것이며
영혼의 진화 방향과 영혼의 진화 속도가
다를 수밖에 없는 것입니다.

창조주의 조물작용에 의해 창조된 영은
모두 고유성과 개별성을 가지고 있습니다.
영의 모나드 의식이 서로 다르기에
모든 영들은 서로 다른 파장과 진동수를 가지고 있는
창조주의 의식을 구현하고 있으며
창조주의 신성을 담고 있습니다.

영의 모나드 의식은
영의 고유성을 나타내는 동시에
영에게 심어 놓은 창조주의 의식인
하늘의 마음이 담겨 있습니다.
영의 모나드 의식에 담겨 있는
창조주의 의식인 하늘의 마음이
양심의 기원이 됩니다.

영은 창조주의 빛으로 창조되었습니다.
영은 창조주의 의식으로 창조되었습니다.
영은 창조주의 조물작용으로 창조되었습니다.
영의 모나드 의식은
빛의 스펙트럼처럼 고유한 진동수를 가지고 있습니다.

영마다 서로 다른 모나드 의식은
영의 우주에서의 역할과 임무를 결정합니다.
영마다 서로 다른 모나드 의식은
영의 여행과 영혼의 여행을 결정합니다.
영마다 서로 다른 모나드 의식은
영의 우주적 신분을 결정하게 합니다.
영마다 서로 다른 모나드 의식이 있기에
영의 여행과 영혼의 여행이 가능할 수 있습니다.

영의 모나드 의식의 진동수의 차이에 따라
영의 차원이 결정됩니다.

영의 모나드 의식의 진동수의 차이에 따라
영은 자신이 있어야 할 곳에 있게 됩니다.
영의 모나드 의식의 진동수의 차이에 따라
하늘에서의 역할과 임무가 결정됩니다.

영의 모나드 의식은
무극의 세계에서는
천사들의 전체의식의 기원이 됩니다.
영의 모나드 의식은
태극의 세계에서는
에너지체들의 전체의식의 기원이 됩니다.
영의 모나드 의식은
무극과 태극과 삼태극의 세계의 천사들에게는
차원마다 존재하는 전체의식의 기원이 됩니다.

영의 모나드 의식은
무극과 태극과 삼태극의 세계에서
에너지체들에게는
대우주의 전체의식의 기원이 됩니다.

영의 모나드 의식은
삼태극의 물질세계에서
영혼의 물질 체험을 하는 영혼에게는
양심으로 나타납니다.

인간이라는 외투를 걸치고
영혼의 물질 체험을 하고 있는 인간은
창조주께서 영에게 심어놓은
창조주의 의식인
하늘의 마음을 통해
양심을 통해
서로를 존중하는 법을 배우고 있는 중입니다.

우리 모두는
영의 여행과 영혼의 여행을 통해
서로가 분리되어 있다는 분리의식 속에서
하나의 전체의식으로 돌아오는 여행을 하고 있습니다.

우리 모두는
창조주께서 주신 영의 모나드 의식을 가지고
양심을 가지고
창조주의 의식의 품으로 돌아오기 위한
영혼의 물질 체험을 하고 있는
영혼의 여행자들입니다.

우리 모두는 집으로 돌아가고 있는 중입니다.
우리 모두는 집으로 돌아오고 있는 중입니다.
우리 모두는 창조주의 의식으로 돌아오는
먼 영혼의 여행을 떠난 영혼의 여행자임을
잊지 마시기 바랍니다.

선천적 사고조절자에 대한 정리

선천적 사고조절자는
창조주의 조물작용에 의해 영이 창조될 때 탄생됩니다.
선천적 사고조절자는
창조주의 조물작용에 의해 영이 창조될 때
영의 3가지 구성요소 중
사고조절자 층위에 입력되는
소프트웨어 프로그램을 말합니다.

선천적 사고조절자는
창조주의 조물작용에 의해 영이 창조될 때
사고조절자 층위에 입력되는
영의식의 근본이 되는 창조주의 의식을 담고 있습니다.

선천적 사고조절자는
창조주의 조물작용에 의해 영이 창조될 때
사고조절자 층위에 새겨지는
창조주의 의식을 담은
고유한 빛의 파장을 말합니다.

선천적 사고조절자는
창조주의 조물작용에 의해 영이 창조될 때

사고조절자 층위에 새겨지는
그 영만이 가지고 있는
고유한 빛의 스펙트럼과
고유한 정보를 말합니다.

선천적 사고조절자는
창조주의 조물작용에 의하여
사고조절자와 진리의 영과 거룩한 영의 조합으로 인하여
영의식의 최소 단위인 영의 모나드 의식을 형성합니다.

선천적 사고조절자에 조물된 내용에 따라
영의 우주적 신분인 차원이 결정이 됩니다.
선천적 사고조절자에 조물된 내용에 따라
영의 여행을 하는 천사들과
영혼의 물질 체험을 하는 영으로 구분이 됩니다.

선천적 사고조절자에 조물된 내용에 따라
일반 영혼과 특수한 영혼으로 결정이 됩니다.
일반 영혼이란
창조주로부터 영이 창조될 때 부여받은
선천적 사고조절자의 비중이 적은 영혼을 말합니다.
일반 영혼들은 선천적 사고조절자의 비중이 2이며
영혼의 물질 체험을 통해 형성된 경험들인
후천적 사고조절자의 비중이 8로 창조된
상승하는 영혼들을 말합니다.

특수한 영혼들이란

선천적 사고조절자 8 : 후천적 사고조절자 2의 비율로

창조주에 의해 조물된 영혼들을 말합니다.

특수한 영혼들은 하늘의 일을 담당하는 천사들을 말합니다.

하늘의 천사들이 본영이 되어

영혼의 물질 체험을 위하여

아바타를 4차원에 내려보낼 때

이들 영혼 그룹들을 하강하는 영혼들이라 합니다.

선천적 사고조절자에 조물된 내용에 따라

빛의 일꾼과 어둠에 일꾼들이 결정됩니다.

선천적 사고조절자에 조물된 내용에 따라

행성 영단 관리자와 차원 관리자가 결정됩니다.

선천적 사고조절자에 조물된 빛의 파장에 따라

천사들의 임무와 역할이 결정이 됩니다.

선천적 사고조절자에 조물된 빛의 진동수가 높을수록

높은 우주적 신분을 가지게 되며

무극의 세계에서 창조주를 보좌하게 됩니다.

선천적 사고조절자에 조물된 진동수에 따라

에너지체들의 임무와 역할이 결정됩니다.

선천적 사고조절자의 진동수가 기의 세계에 맞추어 셋팅이 되면

천사들의 임무와 역할은

태극의 세계에서 봉사하게 되는 것입니다.

선천적 사고조절자에 조물된 진동수가
물질세계에 맞추어 셋팅이 되면
색의 세계인 1차원에서 12차원에 근무하는
천사들이 탄생하게 됩니다.

선천적 사고조절자는
영의 창조가 이루어질 때 일어나는
창조주의 첫번째 조물작용의 결과로 탄생됩니다.

선천적 사고조절자에 부여되는
창조주의 빛의 진동수가 높으면 높을수록
많은 사고조절자가 부여됩니다.
선천적 사고조절자에 부여되는
사고조절자의 숫자가 많으면 많을수록
우주적 신분이 높은 영혼이 됩니다.

선천적 사고조절자에 부여되는
사고조절자의 갯수는
그 영혼의 우주적 신분을 상징합니다.

선천적 사고조절자에 부여되는
창조주의 빛의 진동수가 낮으면 낮을수록
차원이 낮은 물질 세상에서
창조주의 신성을 드러내는 역할이 있습니다.

선천적 사고조절자를 통하여
창조주의 의식은 모든 영들과 함께하고 있습니다.
선천적 사고조절자를 통해 창조된 모든 영들은
창조주의 의식과 연결되어 있습니다.
선천적 사고조절자를 통해 창조된 모든 영들은
창조주의 의식을 담고 있습니다.
선천적 사고조절자를 통해 창조된 모든 영들은
창조주의 신성을 가지고 있으며
창조주의 신성을 발산하고 있습니다.

창조주의 조물작용에 의해 창조된 영들은
선천적 사고조절자에 새겨 놓은
창조주의 의식인 하늘의 마음이 작동되고 있습니다.

창조주의 조물작용에 의해 창조된 모든 영들은
선천적 사고조절자에 심어 놓은
창조주께서 주신 영의 모나드 의식을 가지고
창조주의 의식속에서 마음껏 뛰어놀고 있는
창조주의 분신들이자
창조주의 신성한 자녀들임을
잊지 마시기 바랍니다.

영의 여행을 통해 봉사의 길을 가고 있는
하늘의 천사들인 에너지체들에게
고마움과 감사함을 전합니다.

영혼의 물질 체험을 통하여
영혼의 신성한 여행을 하고 있는
모든 영혼들에게
당신들은 창조주의 의식을 가지고 있으며
당신들은 창조주의 신성을 지닌
위대한 영혼임을 잊지 말라고
기억하라고
대우주의 진리를 우데카 팀장이 전합니다.

후천적 사고조절자에 대한 정리

영은 16차원에서 창조주의 조물작용에 의해
창조됩니다.
영이 창조될 때 창조주의 조물작용을
제1의 조물작용이라 합니다.
영이 창조주에 의해 조물될 때
영의 3가지 구성요소 중 사고조절자 층위에 담겨지는
창조주의 의식과 대우주에 대한 정보를
선천적 사고조절자라고 합니다.

영이 무극에서 창조가 되고
영혼이 물질 체험을 하기 위해서는
창조주에 의해 선천적 사고조절자를 기반으로 하는
제2의 조물작용이 반드시 이루어져야
영은 영혼의 옷을 입고
영혼의 물질 체험을 할 수 있습니다.

일반 영들의 선천적 사고조절자는
특수한 영들에 비해 조밀하지 않습니다.
일반 영들의 선천적 사고조절자는
집의 건축과정에서 집의 큰 골격만을 갖춘
공정률 20%에 해당하는 집에 비유할 수 있습니다.

특수한 영들의 선천적 사고조절자는
집의 모양뿐 아니라 세부 시설까지 갖추어지는
공정률 80%에 해당하는 집에 비유할 수 있습니다.

일반 영들은
창조주의 첫번째 조물작용에 의해
영이 창조될 때의 선천적 사고조절자는 작게 부여됩니다.
일반 영들은
영혼의 물질 체험을 위해
창조주에 의해 두번째 조물작용이 이루어진 후
영혼의 외투를 입고 생명을 얻을 수 있습니다.

후천적 사고조절자란
영혼이 생명체라는 외투를 입고
영혼의 물질 체험을 통해 경험하고 체험한 것들이
사고조절자가 있는 층위에 기록되고 저장되는데
이것을 후천적 사고조절자라고 합니다.

후천적 사고조절자란
영혼이 영혼의 물질 체험을 통하여 형성된
체계화된 사고 패턴이나
체계화된 행동 패턴들을 말합니다.

후천적 사고조절자란
영혼이 영혼의 물질 체험을 통하여 형성된

특화된 사고 패턴이나
특수한 경험 체계 등이
영의 3대 구성요소인 사고조절자 층위에
각인되어질 때를 말합니다.

후천적 사고조절자란
영혼이 영혼의 물질 체험을 통하여 얻어진
경험들의 총합을 말합니다.
후천적 사고조절자란
영혼이 영혼의 물질 체험을 통해 얻어진 경험들이
통계학적으로 일정한 경향과 패턴으로
나타날 때를 말합니다.

상승하는 영혼들은
후천적 사고조절자를 형성하기 위해
영혼의 물질 체험을 하고 있습니다.
영혼들이 진화를 한다는 것은
후천적인 사고조절자들이 풍부해진다는 것을 의미합니다.

영혼이 진화한다는 것은
선천적인 사고조절자보다
후천적 사고조절자가 늘어난다는 것을 의미합니다.
영혼이 진화한다는 것은
후천적 사고조절자를 채워가는 과정을 말합니다.

하강하는 영혼들은
창조주로부터 선천적 사고조절자를
많이 부여받은 영혼들입니다.
하강하는 영혼들은
대우주를 경영하고 운영하고 관리하기 위해
창조주로부터 선천적 사고조절자를
많이 부여받은 하늘의 천사들을 말합니다.

하강하는 영혼들은
창조주를 보좌하기 위해
창조주로부터 선천적인 사고조절자를
많이 부여받은 하늘의 에너지체들을 말합니다.

하강하는 영혼들은
영혼의 물질 체험을 하기 위해
영혼의 옷을 입고
생명체를 통한 물질 체험을 하게 되거나
하늘의 뜻을 땅에서 펼치기 위해
특수한 임무와 역할을 가지고 육화하여
창조주로부터 부여받은 선천적 사고조절자를
마음껏 펼칠 수 있는 것입니다.

하강하는 영혼들은
선천적 사고조절자를 통하여
하늘의 정보를 땅에 전하는 역할이 있습니다.

하강하는 영혼들인 관리자 영혼들의 영혼의 물질 체험은
후천적 사고조절자를 형성하기도 하지만
그 비율은 20% 정도에 불과합니다.

하늘의 천사들이
땅에 내려와 영혼의 물질 체험을 하는 것은
영혼의 물질 체험을 통한
영혼의 진화가 목적이 아니기 때문입니다.
하늘의 에너지체들인 천사들이
땅에 내려온 이유는
영혼의 진화를 통한 후천적 사고조절자의 습득이 아닌
하늘의 특수한 프로젝트를 성공시키기 위한
하늘의 프로그램에 참여한 것입니다.

상승하는 영혼들은
하강하는 영혼들이 펼쳐 놓은
다양한 하늘의 정보들을 경험하고 체험하면서
자신만의 고유한 후천적 사고조절자를 형성하게 됩니다.

영혼의 물질 체험을 통하여
영혼의 진화를 통하여 생성된
상승하는 영혼들인 일반 영혼들의 후천적 사고조절자는
선천적 사고조절자에 비해
풍부하고 다양하게 형성됩니다.

선천적 사고조절자의 기원은 창조주입니다.
후천적 사고조절자의 기원은 땅입니다.
일반 영혼들의 영혼의 물질 체험을 통해 얻어진
땅의 보물과도 같습니다.

영혼이 물질 체험을 하는 이유는
영혼이 진화하기 위해서입니다.
영혼이 진화한다는 것은
본인만의 독특한 후천적 사고조절자를 얻기 위해서입니다.

상승하는 영혼들인 일반 영혼들의
영혼의 물질 체험을 통해 얻어진
후천적 사고조절자를
우주에서는 우주의 보물이라고 합니다.

후천적 사고조절자에 대한
정리의 필요성과
기록의 필요성이 있어
우데카 팀장이
이 글을 기록으로 남깁니다.

인류의 건승을 빕니다.

일반 영혼들의 사고조절자의 특징

일반 영혼들의 영혼의 물질 체험과
행성의 영단을 관리하는 영단 관리자의 영혼의 물질 체험은
출발선부터가 다릅니다.

일반 영혼들의 영혼의 물질 체험을 하고 있는 영혼 그룹들을
상승하는 영혼이라고 합니다.
영혼이 탄생할 때부터
일반 영혼들의 영혼의 물질 체험을 도와주고 관리하기 위해
하늘에서 준비한 영혼 그룹을 관리자 그룹
또는 하강하는 영혼이라고 합니다.

일반 영혼의 경우는
다양한 물질 체험을 통한 영혼의 진화에
초점이 맞추어져 있습니다.
영단 관리자는 말 그대로 수많은 정보와 권한을 가지고
일반 영혼들의 물질 체험을
어떻게 제대로 할 수 있게 해줄 것인지에
초점이 맞추어져 있습니다.

일반 영혼들의 사고조절자의 특성은
다음과 같습니다.

첫번째

일반 영혼은 16차원에서 탄생됩니다.

일반 영혼은 영의 3요소인

진리의 영과 거룩한 영과 사고조절자로 이루어져 있습니다.

일반 영혼의 사고조절자는 비교적 단순하게 셋팅되어 있습니다.

일반 영혼들의 사고조절자는 집으로 비유하면

집을 지을 때 중심이 되는 기둥만 주어지며

기둥을 제외한 대부분들은

영혼의 물질 체험을 통해 채워질 수 있도록 되어 있습니다.

영혼의 물질 체험을 통해 습득한 경험들로

사고조절자들은 채워지고 완성되어지는 원리입니다.

이것을 후천적 사고조절자라고 합니다.

두번째

후천적 사고조절자는

사고조절자 발현 자체에 여유 공간이 있다는 것을 말하며

사고조절자 안에

운용 프로그램이 꽉 차있지 않다는 것을 의미합니다.

이 여유 공간을 자신들의 영혼의 물질 체험을 통한

경험으로 채우도록 설계되어 있습니다.

일반 영혼들은 영혼의 물질 체험을 통해

사고조절자의 확장을 가져오도록 되어 있습니다.

세번째

일반 영혼의 사고조절자의 구성은

선천적 사고조절자와 후천적 사고조절자가

2 : 8로 구성되어 있습니다.

일반 영혼에게 부여되는 사고조절자의 유형은

크게 4개의 카테고리로 구성되어 있습니다.

첫번째 카테고리 - 공통사항

영의식을 발현하기 위한 가장 기본적인 정보가 담겨져 있는

사고조절자 영역으로

영의식이 발현될 수 있는 기본 바탕이 되며

컴퓨터의 운영체제인 "OS" 프로그램과 같습니다.

두번째 카테고리 - 공통사항

이 카테고리에는 일반 영혼으로서

영혼의 물질 체험을 할 수 있도록 하는

기본 정보들이 들어가 있습니다.

예를 들어 상위자아를 만드는 방법과

영의 분화 등의 정보가 있습니다.

세번째 카테고리 - 고유성

특수 프로그램이 부여되는 영역입니다.

영혼의 고유성을 발현하는

특수한 정보들이 주어지는 공간입니다.

창조된 영혼들은 모두 고유하며
똑같은 영혼은 우주에 존재하지 않습니다.
영혼의 고유성과 독창성이 결정되는 영역이며
특수성을 지닌 사고조절자 영역입니다.

비유적으로 표현하면
A란 영에게는 독특한 그 영만의 고유한 빛이 있고
이 빛만이 그에게 부여된 사고조절자를
작동시킬 수 있다는 의미입니다.
이것이 창조근원이 그 영에게 부여한 사랑이자 특별성이며
이것으로 영혼마다 고유한 영혼의 진화 경로가 정해지게 됩니다.
이것이 창조근원의 지극한 사랑입니다.
영혼마다 고유하게 부여되는 사고조절자를 기반으로 하여
그 영혼만의 고유한 영혼의 물질 체험이
이루어질 수 있도록 한 것입니다.

일반 영혼들에게
고유한 사고조절자를 부여함으로써
일반 영혼들이
영혼들마다 고유하고 독특한
영혼의 물질 체험이
이루어질 수 있도록 배려하였습니다.

네번째 카테고리 - 정보
마지막 카테고리는 정보의 사고조절자입니다.

세번째 영역에서 부여한
영혼마다 고유한 사고조절자의 성질을 바탕으로
네번째에 주어진 정보의 사고조절자가 함께 어우러져
힘을 발휘하는 구조로 되어 있습니다.

정보의 사고조절자는
영혼이 탄생될 때 기본값으로 주는 정보를 말합니다.
영혼마다 부여되는 고유한 사고조절자를
뒷받침해 줄 수 있는 정보가 부여됨으로써
일반 영혼들의 사고조절자는 탄생됩니다.

일반 영혼들은 이렇게 창조주로부터 받은
사고조절자를 바탕으로
영혼의 물질 체험이 이루어지고 있으며
영혼의 진화 역시 이루어지고 있습니다.

정리의 필요성이 있어
기록의 필요성이 있어
이 글을 우데카 팀장이 남깁니다.

영단 관리자의 사고조절자의 특징

일반 영혼과 영단 관리자의 사고조절자는
영이 탄생될 때부터 다르게 창조됩니다.
일반 영혼들의 영혼의 물질 체험을 위해서는
물질적 토대를 이루는 행성이 필요하게 됩니다.
영단 관리자는 행성의 영단을 구성하여
행성을 관리하는 관리자 영혼을 말합니다.

영단 관리자의 사고조절자는
창조주로부터 부여됩니다.
이때 영단 관리자에게 부여된 사고조절자를
선천적 사고조절자라고 합니다.
영단 관리자나 차원을 관리하는 영혼들의 사고조절자는
일반 영혼들과는 다릅니다.

관리자 그룹들의 사고조절자는
일반 영혼들에 비해 그 크기가 비교할 수 없을 만큼 큽니다.
관리자 그룹의 영혼들은 일반 영혼들과는 달리
영혼의 물질 체험을 통해 영혼의 진화가 이루어지지 않습니다.
이들 관리자 그룹의 영혼들을
하강하는 영혼 또는 진화를 하지 않는 영혼들이라 합니다.

관리자 그룹의 영혼이 탄생하는 과정은
다음과 같습니다.

첫번째
하나의 영으로 탄생할 수 있는
영 에너지가 준비됩니다.
거룩한 영과 진리의 영이 준비됩니다.

두번째
의식이 발현되기 전 준비된 영에
영의 고유번호가 새겨짐과 동시에
행정 기록상에 그 영이 탄생 중에 있음이 기록됩니다.
고유번호가 새겨진 후
고유번호에 맞게 사고조절자가 부여됩니다.

세번째
영에 넘버가 부여되고 나면
그 영은 자신의 정해진 영 에너지 영역대로
튜닝(조율)이 이루어집니다.
자신의 영 에너지의 영역대가 결정되면
영은 이제 사고조절자를 부여받게 됩니다.

영이 사고조절자를 부여받는 과정은
다음과 같습니다.

사고조절자를 부여받을 때
창조근원이 모든 영에게 똑같이 부여하는
공통의 사고조절자가 있으며
영의 역할과 특징에 따라 개별적인 특성을 나타내는
사고조절자가 있습니다.
영의식을 발현하기 위한 공통의 사고조절자가 있으며
영의 개별성과 고유한 정보 영역의 사고조절자가 있습니다.

관리자 그룹들의 사고조절자는
다음과 같은 6개의 카테고리에 의해 부여됩니다.

첫번째 카테고리 - 영의식 발현을 위한 영역
영 에너지가 영의식을 발현하기 위한
공통의 사고조절자를 먼저 부여받게 됩니다.
영단 관리자의 경우
그 영단 관리자의 전체 사고조절자 크기의 약 8% 정도가
이 영역에 해당됩니다.
일반 영혼의 1번 카테고리와 기능은 같으나
그 안에 있는 프로그램이 매우 복잡합니다.

영단 관리자들의 사고조절자는 컴퓨터로 비유하면
윈도우 같은 운영체제 프로그램만 깔리는 것이 아니라
윈도우 프로그램 안에 들어가는 다양한 프로그램인
한글, 포토샵, 영상 편집 프로그램 등이
선택이 아닌 필수로 들어가 있는 것과 유사합니다.

행성 영단을 운영할 때 필요한
수많은 프로그램이 여기에 들어 있는데
이 운용 프로그램을 가동하면서 의식으로 나오는 구조이므로
영단 관리자로서 기본 소양을 나타낼 수 있는
의식을 구현하는 프로그램이 기본적으로 깔리게 됩니다.
영단 관리자들이라면 모두가 가지고 있는
무색무취한 영의 상태를 말합니다.

두번째 카테고리 - 공통사항
우주에 대한 기본 정보와 지식
대우주의 구조와 운영 방식 등의 기본 정보가 들어가 있습니다.
이것은 차원이나 단계별로 정보의 차등화가 되어 입력됩니다.
영이 탄생될 때 관리자 그룹의 역할과 임무에 맞게
우주적 신분에 맞는 정보가 입력됩니다.

이 우주의 은하나 행성의 정보들이 여기에 속하게 됩니다.
우주의 문명들에 대한 기본적인 정보가
선천적인 사고조절자에 입력이 이루어집니다.

세번째 카테고리 - 공통사항
생명의 순환에 대한 원리와 방식에 대한 정보가
관리자 그룹에게 입력됩니다.
생명체의 외투에 대한 기본 정보들이 입력됩니다.
다양한 생명체에 대한 개념과 정보 등이
세번째 사고조절자의 카테고리에 입력이 됩니다.

세번째 사고조절자의 카테고리에 정보가 입력됨으로 인해
영단 관리자라는 정체성이 서서히 형성되기 시작합니다.

네번째 카테고리 – 고유성
영단 관리자의 색채를 결정지어 주는 카테고리입니다.
영마다 고유한 파장이 있어
자신의 영이 낼 수 있는 고유한 파장이 정해지듯
영단 관리자에게 고유한 에너지 파장에 맞는
사고조절자가 부여됩니다.

네번째 카테고리에는
사고조절자의 의식의 특성을 결정하는 정보가 입력이 되며
영단 관리자로서의 개성과 성격을 결정지어 주는
사고조절자의 정보가 입력됩니다.
네번째 층위에 부여되는 사고조절자에 의해
영단 관리자의 사고방향이 결정되고 개성이 나타납니다.

다섯번째 카테고리 – 개별성, 전문성
영단 관리자로서의 전문성을 결정지어 줄
사고조절자가 생성되는 층위입니다.
다섯번째 사고조절자의 층위에 입력되는 정보에 따라
영단 관리자의 성향이 결정됩니다.
물질문명으로 셋팅될지
정신문명 전문가로 셋팅될지가 결정되는 층위입니다.

여섯번째 카테고리 - 특수성
사고조절자가 부여되는 마지막 층위로
영단 관리자로서 임무와 역할에 따른
특수한 정보들이 부여됩니다.
영단 관리자로서의 우주적 지위와 역할에 따라
특수하게 셋팅해주는 개념의 사고조절자입니다.

행성의 영단 관리자가 되기 전
그들에게 개별적으로 셋팅해서
행성의 영단으로 내려보내게 됩니다.

예를 들면
지구 영단의 최고 책임자에게는
지구 영단의 특수성과 특별함에 맞추어
사고조절자를 새롭게 셋팅하여
지구 영단으로 내려오게 됩니다.

영단 관리자의 영이 탄생이 될 때
후천적인 사고조절자에 비해
선천적인 사고조절자의 비중이 큽니다.
영단 관리자는 일반 영혼과는 달리
기본적으로 영단을 관리하고
영단을 운영하는데 초점이 맞추어져 있기 때문에
일반 영혼보다 많은 정보와 사고조절자를 부여받게 됩니다.

영단 관리자들은
선천적 사고조절자와 후천적 사고조절자의 비율은
8:2 정도로 영혼이 탄생될 때 셋팅이 이루어집니다.

영단 관리자들은 자신이 운영하는 영단을
제대로 운영하기 위해
트윈 플레임이나 삼중 불꽃을 이용하여
영혼의 물질 체험을 하게 됩니다.
영단 관리자들은 영혼의 물질 체험을 하는 이유가
일반 영혼들과 그 목적이 다릅니다.

영단 관리자들은
영혼의 물질 체험이 아닌
행성의 영단을 얼마나 잘 운영했는지로
영혼의 진화가 결정될 뿐입니다.

영단 관리자들은 이렇게 일반 영혼들과는
영혼의 물질 체험을 하는 이유와 목적이 다르기 때문에
이들 관리자 그룹들을
우주에서는 하강하는 영혼 또는
진화를 하지 않는 영혼 그룹이라고 말합니다.

영단 관리자와 차원 관리자 그룹의 영혼들에 대한
정리의 필요성과 기록의 필요성이 있어
우데카 팀장이 이 글을 기록으로 남깁니다.

어둠의 일꾼들의 사고조절자의 구성 원리

나쁜 사람이 탄생되는 원리

어둠의 일꾼들은
영이 창조주에 의해 조물될 때
특수한 사고조절자를 부여받고 창조되는
특수한 영혼 그룹들을 말합니다.

어둠의 일꾼들은
일반 영혼들이 감당할 수 없는
특수한 어둠의 역할을 위해 창조된 영혼 그룹을 말합니다.
어둠의 일꾼들은
영혼의 진화가 목적이 아니라
대우주를 효율적으로 운영하기 위해 창조된
특수한 영혼 그룹을 말합니다.

어둠의 일꾼들은
행성에 물질 매트릭스와
종교 매트릭스를 설치하고 운영하는 역할을 맡고 있습니다.
어둠의 일꾼들은
멜기세덱 그룹과 데이날 그룹으로 구분할 수 있습니다.

멜기세덱 그룹은
물질문명을 행성에 도입하는 역할과

나쁜 사람의 역할을 전문적으로 담당하는
악역 전문 배우들입니다.
주로 독재자나 폭군의 역할을 담당하며
전쟁광이나 독재자들을 돕는 간신의 역할을 담당하는
짙은 어둠의 성향을 가지고 있습니다.

데이날 그룹은
멜기세덱이 깔아놓은 문명이나 사상 등에
물질세상의 관점에서
눈에 보이는 것만을 믿는 의식속에서
학술적으로 학문적으로 근거를 제시하여
어둠(물질)의 매트릭스가 잘 유지될 수 있도록
멜기세덱 그룹을 돕고 있는 영혼 그룹입니다.
데이날 그룹은 멜기세덱 그룹에 비해
어둠의 성향이 비교적 적습니다.

어둠의 일꾼들은
어둠의 정부와 직간접적으로 연결되어 있으며
하늘의 관리와 통제를 받고 있는
특수한 영혼 그룹입니다.
자신이 어둠의 일꾼이라고 알고 있는 어둠의 일꾼들은
핵심 수뇌부들로 약 10% 정도 됩니다.
나머지 90%는 자신이 어둠의 일꾼인지도 모르는 채
어둠의 성향을 가지고 살다가 가는 것이
이들 영혼 그룹의 특징입니다.

어둠의 일꾼들의 사고조절자의 특성은
다음과 같습니다.

첫번째
사고조절자의 구성이 일반 영과 다릅니다.
사고조절자에 들어가는 영 에너지의 파장대가
일반 영에 비해 좁으며
사고조절자를 구성하는 영 에너지가
일반 영에 비해 강합니다.
강철 같은 에너지와 두려움이 없는 에너지
불도저같이 밀어붙이는 영 에너지 파장대로
사고조절자가 부여됩니다.

두번째
사고조절자를 구성하는 독특한 영 에너지 파장대로 인하여
어둠의 일꾼들은
두려움과 공포를 잘 느끼지 못합니다.
두려움과 공포를 잘 느끼지 못하기 때문에
어떤 일을 추진할 때 좌고우면하지 않고
과감하게 추진할 수 있는 장점이 있습니다.

어둠의 일꾼들은 두려움과 공포를 잘 느끼지 못하기에
자신이 하고 있는 일에 대해
확고한 믿음과 신념이 한번 생기게 되면
불도저처럼 밀어붙이는 경향이 나타납니다.

어둠의 일꾼들은 두려움과 공포를 잘 느끼지 못하기에
인간미가 떨어지게 됩니다.
자신이 믿고 있는 가치관이 확실하고 뚜렷하기 때문에
일반 영에 비해 정의감이 매우 강한 사람으로 보입니다.

어둠의 일꾼들은
사고조절자에 셋팅된 영 에너지의 파장대가
일반 영에 비해 1/3 정도로 좁기 때문에
사고의 폭이 매우 좁을 수밖에 없습니다.
세상을 선과 악의 대립으로
세상을 정의와 불의의 대립으로
사람을 좋은 사람과 나쁜 사람으로
사람을 우리 편이 아니면 적으로 인식하는 사고가 강한
영혼 그룹입니다.

세번째
어둠의 일꾼들의 선천적 사고조절자에는
많은 우주적 정보들이 입력되도록
창조주에 의해 조물이 이루어집니다.
어둠의 일꾼들의 선천적 사고조절자에는
일반 영혼에 비해 우주적 정보가
약 5~10배 정도 더 많이 주어지며
달란트 역시 3~5배 정도
영이 탄생될 때 주어집니다.

어둠의 일꾼들은 영이 창조될 때부터
금수저로 창조가 이루어집니다.
어둠의 일꾼들은 영이 창조될 때부터
일반 영들이 따라잡을 수 없을 만큼의
지능과 달란트들이 주어집니다.

어둠의 일꾼들은
머리가 매우 좋습니다.
어둠의 일꾼들은
감성보다는 이성이 발달되어 있습니다.
어둠의 일꾼들은
일반 영들을 자신의 눈 아래로 볼 수 있을 만큼
똑똑하고 뛰어난 달란트를 부여받은
특수한 영혼 그룹입니다.

어둠의 일꾼들은
냉철한 이성과 냉정한 가슴을 가졌기에
부끄러움을 잘 느끼지 못하며
양심의 가책을 잘 느끼지 못하도록
영이 창조될 때부터 셋팅된 특수한 영혼들입니다.

어둠의 일꾼들은
이러한 이유로 새롭게 오픈하는 행성에
물질문명의 매트릭스와 종교 매트릭스를 설치하여
어둠의 정부를 운영할 수 있도록 최적화된 영혼 그룹입니다.

어둠의 일꾼들의 사고조절자가 구성되는 원리는
다음과 같습니다.
총 7개의 카테고리로 구성되어 있습니다.

사고조절자 1번 카테고리 - (의식과 관련된 영역)

영의식이 시작되는 "OS" 영역입니다.
사무적이고 차갑고 냉정한 이성적 사고와
이기주의적인 성향을 나타내는 영 에너지가 부여됩니다.

사고조절자 2번 카테고리 - (의식과 관련된 영역)

어둠의 일꾼의 특수성이 나오게 설정되어 있습니다.
1번 사고조절자의 카테고리가 기본 "영의식" 발현을 하는 장치라면
2번 사고조절자는 그 영의식의 특수성을 입혀주고
뒷받침해주는 카테고리입니다.
멜기세덱 특유의 독특한 사고와 우월의식
물질 중심의 사고 패턴과
강한 정의감의 영의식 패턴이 나오는 영역입니다.

사고조절자 3번 카테고리 - (우주 정보가 입력되는 층위)

우주의 정보가 들어 있는 카테고리입니다.
영단 관리자의 2번째 카테고리와 비슷한 역할을 하는
사고조절자 층위입니다.
우주의 관리자 그룹에 속하기 때문에
우주의 역사와 흐름
기타 포괄적인 우주의 정보가 들어가 있는 층위입니다.

사고조절자 4번 카테고리

인간으로 비유하면 두뇌에 해당되는 사고조절자입니다.

4번째 카테고리의 사고조절자 층위는

어둠의 일꾼들의 지능을 높여주는 달란트가 입력되는 층위이며

이 층위에 입력되는 내용으로

뇌의 연산 속도가 결정되는 층위입니다.

어둠의 일꾼들의 머리를 좋고 똑똑하게

일반인들이 따라잡을 수 없는 수준으로 만드는

뇌의 지능이 결정이 되는 층위입니다.

사고조절자 5번 카테고리

우주의 기본 원리에 대한 정보가 입력되는 층위입니다.

물질 세상의 기본원리가 들어가 있고

물질 세상을 이루는 우주적인 정보가 입력되는 층위입니다.

어둠의 일꾼들이 과학자나 철학자로서

사회 엘리트로 살아갈 수 있도록 하는

광범위한 정보가 이 층위에 다운로딩됩니다.

이 층위에 입력된 정보의 양과 질에 따라

어둠의 일꾼들의 달란트가 결정이 되며

우주적 신분이 결정되는 층위입니다.

사고조절자 6번 카테고리

어둠의 일꾼의 역할을 한 영혼이

영혼의 물질 체험을 통해

4번과 5번 카테고리 사고조절자를 통해 창출해 낸
결과물들이 저장되는 공간입니다.
어둠의 일꾼들이 물질 체험을 통해
새롭게 습득된 후천적 사고조절자가 저장되는 층위를 말합니다.

사고조절자 7번 카테고리

창조주로부터 특수한 사고조절자를 받은
특수 영혼 그룹이라는 표식이 새겨져 있는 층위입니다.
멜기세덱 그룹은 금색으로 빛이 나며
데이날 그룹은 은색으로 빛이 납니다.

어둠의 일꾼들의 7번째 사고조절자 카테고리에는
지금의 최고 수준인 12차원을 넘어서는
미래의 물질문명과 정신문명을 건설할 수 있는
창조의 원리를 담은 사고조절자가 부여되어 있습니다.
그때가 되면 어둠의 일꾼들에게 봉인된 사고조절자가 풀리면서
우주가 끊임없이 진화할 수 있도록
특수한 사고조절자가 부여되어 있습니다.

어둠의 일꾼들은
인간미가 없고 양심이 없게 느껴집니다.
자신의 목적을 위해서라면
양심도 팔 것 같은 모습을 보여주고 있는데
그 모습은 어둠의 일꾼들의
2번째 사고조절자 카테고리에서 발생합니다.

2번째 사고조절자 카테고리는
어둠의 일꾼을 어둠의 일꾼답게 만드는
사고조절자 층위입니다.
2번째 카테고리 층위에서
인간으로서 자신이 한 행동에 대해
부끄러움을 느끼지 못하도록
양심의 가책을 느끼지 못하도록
피드백이 되지 못하도록
그렇게 창조된 특수한 영혼 그룹이
어둠의 일꾼 그룹의 특징입니다.

2번째 사고조절자의 카테고리와
1번째 사고조절자의 카테고리가 함께 작용하게 되면
부끄러움과 양심의 가책은 느끼지 못하지만
"강철같은 마음"을 일으키게 하여
혁명가나 개혁 사상가나 독재자로서의 면모를 갖추게 됩니다.

어둠의 일꾼이 탄생되는 원리에 대해
정리의 필요성과 기록의 필요성이 있어
우데카 팀장이
이 글을 기록으로 남깁니다.

깨달음의 실체

인류가 만든 최고의 히트 상품은 천당과 지옥입니다.
인류가 만든 히트 상품 중에
지금도 불티나게 팔리고 있는 베스트 상품 중에
깨달음이라는 상품이 있습니다.
인류는 깨달음이라는 상품을 구매하기 위해
참 많은 비용들을 지불하고 있습니다.

깨달음이라는 상품을 구입하기 위해
인류는 기도와 수행이라는
엄청난 노력과 시간을 투자하며
참 많은 비용들을 지불하고 있습니다.
깨달음이라는 가치를 얻기 위해
명상과 참선은 필수 코스라고 생각하고 있습니다.

깨달음을 얻기 위해
당신은 얼마나 많은 비용을 지불하셨습니까?
깨달음이라는 상품을 얻기 위해
당신은 앞으로 얼마나 더 많은 비용을 지불하실 생각이십니까?
깨달음이라는 정신적 가치를 얻기 위해
당신은 앞으로 얼마나 더 많은 시간을
수행하는데 보내실 계획이십니까?

깨달음이라는 하늘의 선물을 얻지 못한 것이
당신의 기도와 정성이 부족해서라고 아직도 생각하고 계십니까?

인류의 의식 수준에서 깨달음은
하늘의 선물이며 신이 주는 선물이라고
생각하는 분들이 참 많습니다.
하늘의 입장에서 깨달음은
창조주께서 영혼에게 준 선천적 사고조절자가
역할에 맞추어 열리는 것에 불과합니다.

하늘의 입장에서 깨달음은
영혼이 영혼의 물질 체험을 할 때
우주의 정보를 땅에 전달하기로 예정된 사람이
자신이 운반하기로 한 하늘의 정보가
내 의식 안에 폴더의 형태로 저장되어 있다가
때가 되어 우연을 가장하여 폴더가 열리는 것에 불과합니다.

인류의 의식수준에서 깨달음은
인신합일과 신인합일을 통해 얻어지는
도통과 신통이라고 알고 있습니다.

하늘의 입장에서 깨달음은
하늘의 정보를 땅에 전달하기로 예정된
정신문명의 매트릭스를 열기로 예정된
행성 영단의 관리자들인 하늘 사람에게

다운로딩된 우주의 정보가 꼭 필요한 만큼 땅에 전달되는
우주적 프로세스에 지나지 않습니다.

그냥 아는 이들을
우주에서는 어둠의 일꾼이라고 합니다.
그냥 아는 이들을
우주에서는 데이날 그룹이라고 합니다.
그냥 아는 이들을
우주에서는 영단 관리자라고 합니다.
그냥 아는 이들을
우주에서는 차원 관리자라고 합니다.
그냥 아는 이들을
우주에서는 하강하는 영혼들이라고 합니다.
그냥 아는 이들을
우주에서는 매트릭스 관리자들이라고 합니다.

그냥 아는 이들은
창조주로부터 특별한 하늘의 정보와
우주의 정보를 땅으로 운반하기 위해
특별한 선천적 사고조절자를 받은
특수한 영혼 그룹들입니다.

인류가 인류의 역사를 통해
그냥 안다는 이들을 부러워하였으며
그냥 안다는 이들을 동경해왔습니다.

그냥 아는 것이 많은 이들을 통해
깨달음의 매트릭스는 강화되었습니다.
그냥 아는 것이 많은 영혼 그룹들을 통해
종교 매트릭스는 더욱 더 강화되었습니다.
그냥 아는 것이 많은 매트릭스 관리자들에 의해
기도와 수행을 통한
깨달음의 매트릭스는 더욱 더 강화되었습니다.
그냥 아는 것이 많은 사회 엘리트 그룹들에 의해
깨달음의 매트릭스는 강화되었습니다.

인류의 입장에서 깨달음의 증표로서
남이 갖고 있지 않은
특별한 영적인 능력이 주어진다고 알고 있습니다.
하늘의 입장에서 깨달음은 존재하지 않습니다.
하늘의 입장에서 깨달음은
메타 인지를 통해 사물의 본질을 이해하는 것입니다.

하늘의 입장에서 깨달음은
창조주께서 선천적 사고조절자 속에 담아놓은
물질의 창조원리들과 대우주의 진리들을
내가 기억해 내는 것에 불과합니다.

인류의 의식의 수준에서
보리수 아래에서 석가모니 부처님은
깨달음을 얻었다고 말합니다.

하늘의 입장에서 석가모니 부처님은
인류의 역사를 바꾼 위대한 기억이라 합니다.

하늘의 입장에서는 깨달음은
매 순간 의식이 확장되는 것을 말합니다.
매 순간 의식이 확장된다는 것은
메타 인지가 고도화된다는 것을 의미합니다.
메타 인지가 고도화된다는 것은
언어의 고도화가 이루어짐을 의미합니다.

언어의 고도화가 이루어진다는 것은
영성지수가 높아진다는 것을 의미합니다.
영성지수가 높다는 것은
직관의 세계가 발달되는 것이며
영혼의 언어인 느낌으로 전달되는 것을
언어로 구체화시킬 수 있다는 것을 의미합니다.

인류가 깨달음이라고 알고 있는 것은
배우지 않아도 그냥 아는 것입니다.
배우지 않고도 그냥 아는 것입니다.

그냥 안다는 것은
사과나무 아래에서 사과가 떨어지는 것을 보고
만유인력의 법칙을 생각해 내는 것
이것이 그냥 아는 것입니다.

그냥 안다는 것은
느낌속의 느낌을 찾아내는 것입니다.
그냥 안다는 것은
느낌으로 전해 오는 것을
언어와 기호로 표현할 수 있는 것이며
이것이 메타 인지입니다.

메타 인지의 방법을 통해
하늘의 뜻을 땅으로 전달하기로 예정된 하강하는 영혼들이
내가 그 순간에 내가 떠올린 것을 기억하는 것을
그냥 안다라고 합니다.

메타 인지의 방법을 통해
배우지 않아도
느낌속에 느낌 찾아내어
내가 그 순간에 내가 기억해 내는 것을
그냥 안다라고 합니다.

내가 태어날 때 가지고 온 하늘의 정보를
내가 기억해 낸 것을
깨달음이라 하지 않습니다.
내가 창조주로부터 부여받은
사고조절자에 담겨있던 하늘의 정보를
어느 순간 영감을 통해
어느 순간 느낌을 통해

그냥 알았다고 해서
그것이 깨달은 것이 되는 것이 아닙니다.

그냥 아는 것은
깨달은 것이 아니라
내가 그 순간에 내 안에 있던 것을
기억해낸 것에 불과합니다.

모든 깨달음 뒤에는
이런 우주적 원리가 존재하고 있습니다.
깨달은 것이 아니라
사실은 기억해낸 것에 불과합니다.
내가 그때 무엇인가를 깨달았다고 느끼는 것은
내가 그때 내 안에 있던 에너지 중 일부를 꺼내어
해석한 것에 불과합니다.

내가 그때 무엇인가를 깨달았다고 느낀다면
내가 그때 내 안에 있던 무의식과 잠재의식에
내재해 있던 의식 중 일부가
나의 현재의식에서 기억되고 재생된 것에 불과합니다.

내가 그때 무엇인가를 깨달았다고 느꼈다면
내가 그때 내 안에 잠자고 있던 의식 중 일부가
나의 현재의식의 층위에서 활성화된 것이며
그 의식 중 일부를 내가 기억하고 인지한 것에 불과합니다.

인류가 생각하는 깨달음은 없습니다.
도통과 신통이 생겼다고
깨달은 사람이 되는 것은 아닙니다.
영적인 능력이 있다고 해서
깨달은 사람이 되는 것은 아닙니다.
이적과 기적을 행한다고 해서
깨달은 사람이 되는 것은 더욱 아닙니다.

인류가 생각하는 깨달음은 없습니다.
깨달음은 매 순간 일어나는
의식의 확장을 말합니다.
깨달음은 매 순간 일어나고 있는
의식이 깨어나고 있는 것을 말할 뿐입니다.

의식의 깨어남은
인간의 의지만으로 되는 것은 아닙니다.
사과나무 밑에 있다고 해서
누구나 뉴턴이 되지 않습니다.
자신에게 있는 것을
자신에게 있던 것을
단지 기억해 내는 과정이
인류가 그렇게 간절히 이루고 싶은 깨달음의 실체입니다.

우리는 그냥 내 안에 있는 것을
기억하기만 하면 됩니다.

우리는 그냥 창조주께서 나에게 주신 것을
기억하기만 하면 됩니다.

하늘의 정보를 땅에 전달하기로 예정된 사람이
기억하기로 예정된 사람이
기억하기로 예정된 시간에
기억하기로 예정된 내용을
정확하게 기억할 수 있도록
변수를 관리하고
변수를 제거하는 것이
하늘이 존재하는 이유입니다.

이것이
당신이 기도와 수행으로
깨달음을 얻지 못하는 진짜 이유입니다.

이것이
깨달음이라는 히트 상품을 찾는 이는 많아도
깨달음이라는 상품을 구매한 사람은
잘 보이지 않는 이유입니다.

깨달음에 대한 모든 환상을 내려 놓으시기 바랍니다.
인류의 의식 수준에서 바라는 깨달음은
이 우주에서 존재하지 않습니다.

기억을 할 사람과
기억을 하지 못할 사람은
이미 정해져 있기 때문입니다.

깨달음을 찾기보다는
의식의 확장과 의식의 깨어남을 위해
노력하시기 바랍니다.

우데카 팀장은
깨달은 사람이 결코 아닙니다.
우데카 팀장은
그냥 아는 사람입니다.
우데카 팀장은
우주에서 기억력이 좋은 편에 속합니다.

우데카 팀장의 글은
그냥 아는 것을 펼쳐 놓은 것입니다.
우데카 팀장의 글은
우데카 팀장이 기억한 것을 기록한 것입니다.

우데카 팀장의 기억력은 점점 더 좋아질 것입니다.
우데카 팀장의 기억력이 좋아지면 좋아질수록
하늘 사람들은 기뻐할 것입니다.

하늘 사람들의 건승을 빕니다.

제4부

하늘의 마음이 사람의 마음으로

인간의 의식의 기원은 영입니다.

인간의 감정의 기원은 영입니다.

인간의 마음의 기원은 영입니다.

인간의 생각의 기원은 사고조절자입니다.

인간의 논리는 진리의 영에서 탄생됩니다.

인간의 상상력은 거룩한 영에서 탄생됩니다.

인간의 의식의 기원은 창조주의 의식입니다.

영의식이 구현되는 원리 의식과 감정이 구현되는 원리

의식의 기원은 영입니다.
영의 기원은 창조주의 의식입니다.
영은 사고조절자와 진리의 영과 거룩한 영의
창조주의 빛으로 구성되어 있습니다.

사고조절자와 진리의 영과 거룩한 영의 연합작용에 의해
영의식은 탄생됩니다.
영이 탄생되고 난 후
카르마 에너지장의 영향을 받지 않은
순수한 영의식을 영의 모나드 의식이라고 합니다.

영은 사고조절자의 구성에 따라 개체성과 함께
영의 고유성이 부여됩니다.
영의식은 사고조절자 이외에
진리의 영과 거룩한 영의 조합에 의해 다양하게 탄생됩니다.

영의식은 창조주의 1차 조물작용에 의해 탄생됩니다.
영의식은 생명체라는 외투를 입으면서
창조주의 2차 조물작용에 의해
인간의 의식의 탄생이 이루어집니다.

영의식은 창조주의 2차 조물을 거쳐

인간이라는 몸을 통하여

생명의 탄생과 함께 의식의 탄생이 이루어집니다.

영의식은 인간의 몸에 설치되어 있는

12개의 감정선과 7개의 의식선을 통하여

메타 휴머노이드 의식구현 시스템을 통하여

인간의 몸을 통하여 생각과 사고와 감정의 탄생이 이루어집니다.

창조주의 1차 조물을 통해 영의식이 탄생됩니다.

창조주의 2차 조물을 통해 생명의 탄생과 함께

의식과 감정이 탄생됩니다.

생각의 기원은 영의식입니다.

사고의 기원은 영의식입니다.

감정의 기원은 영의식입니다.

영의식은 인간의 몸에 설치되어 있는

의식을 구현하는 무형의 시스템과

감정을 구현하는 무형의 시스템이라는

메타 휴머노이드 의식구현 시스템을 통해

인간의 감정과 의식으로 구현됩니다.

영의식이 구현되는 원리는 다음과 같습니다.

영의식은 창조주께서 부여하는

사고조절자에서부터 발현됩니다.

사고조절자에서 발현되는 에너지는
진동수가 제일 높은 에너지이며
진동수가 제일 높은 의식입니다.
사고조절자에서 발현된 의식은 구체성과 논리성이 없습니다.

사고조절자에서 발현한 의식을
바탕의식 또는 원형의식이라고 합니다.
원형의식은 가공되지 않은
순수한 에너지(정보) 덩어리에 해당됩니다.
사고조절자에서 발현된 원형의식은
진동수가 제일 높은 정보를 담은 빛입니다.

사고조절자에서 발현된 원형의식은
진리의 영을 지나게 되면 논리적 체계를 갖추게 됩니다.
진리의 영은 영마다 다른 5개에서 9개의
수직적 층위를 가지고 있습니다.
진리의 영은 층위마다 높은 진동수를 가진 원형의식에 담긴 정보들을
해석하는 프로그램에 비유할 수 있습니다.

사고조절자에서 발현된 고진동의 원형의식이
진리의 영의 한층위 한층위를 통과할 때마다
진동수가 낮아지면서 논리적 체계를 갖추게 됩니다.
사고조절자의 원형의식이 진리의 층위를 다 통과하면
구체적이고 논리적인 의식이 형성됩니다.

진리의 영은 원형의식이 가지고 있는
고진동의 정보를 해석하는 기능을 가지고 있습니다.
거룩한 영은 해석된 정보를 확장하고 응용할 수 있는
소프트웨어에 비유할 수 있습니다.
거룩한 영은 수평적 구조로 되어 있습니다.
태양빛이 대기권을 통과해야 복사열로 전환이 됩니다.
진리의 영을 통과한 빛(의식)은
거룩한 영이라는 필터(프로그램)를 통과해야
영의식이 발현될 수 있습니다.

거룩한 영은 대기권에 부는 바람과 같이
에너지의 흐름이 있는 곳입니다.
거룩한 영은 대기권에 구름과 같이
에너지의 밀도가 서로 다른 에너지의 회전과 순환이 있는 곳입니다.

진리의 영을 통과한 빛이
대기권과 같은 거룩한 영의 무형의 기계장치들을 통과하면
빛의 산란에 따른 일정한 패턴의 영의식이 탄생됩니다.
이것을 영의 모나드 의식이라고 합니다.

사고조절자를 통해 발현된 원형의식이
진리의 영과 거룩한 영을 통과하면서
서로 다른 다양한 의식들이 탄생하게 됩니다.
영의 모나드 의식은
그 영혼만이 가지고 있는 고유한 의식입니다.

영의 모나드 의식은
창조주의 제1조물작용에 의해
영이 창조될 때 탄생하는 영의식을 말합니다.

영의식은
창조주의 제2조물작용에 의해
생명의 탄생과 함께
의식의 탄생의 기원이 됩니다.
영의식은
인간의 몸의 탄생과 함께
메타 휴머노이드 의식구현 시스템을 통하여
생각의 형태로
사고의 형태로
느낌의 형태로
감정의 형태로 전환됩니다.

영의식이 구현되는 원리에 대해
영의식이 인간의 감정과 의식으로 전환되는
보이지 않는 세계의 원리에 대해
정리의 필요성과 기록의 필요성이 있어
우데카 팀장이 이 글을 기록으로 남깁니다.

진리의 영에 대한 정리

창조근원께서 영을 창조할 때
하나의 에너지만이 아닌
3개의 에너지가 균형과 조화를 이루면서
삼위일체 방식을 통해
영의식이 발현되도록 창조하였습니다.

우주의 창조 원리는
삼위일체 법칙으로 이루어져 있습니다.
우주의 창조의 원리는
무극의 세계를 상징하는 1이
태극의 세계인 2가 되고
음양의 세계에서
물질세계인 삼태극의 세계를 상징하는 3으로 확장됩니다.

영은 3가지로 구성되어 있습니다.
영은 진동수가 높은 순서대로
사고조절자와 진리의 영과 거룩한 영으로 구성되어
영의식을 발현하게 됩니다.
영 에너지의 핵심인 사고조절자 하나만으로는
구체적인 영의식의 발산(발현)이 어렵기 때문에
진리의 영과 거룩한 영이 필요하였습니다.

사고조절자는

가장 높은 진동수를 가지고 있으며

사고조절자는

구체성을 띤 의식이 아닌

의식을 형성하기 위한 소스 또는 원액과도 같습니다.

사고조절자는

의식을 형성하기 위하여

순수한 공의 세계에 존재하는

원형의식을 말합니다.

진리의 영은

사고조절자의 원형의식을 구체화시키는

무형의 기계장치와 소프트웨어 프로그램에 비유할 수 있습니다.

진리의 영은

공의 세계에서 존재하는 사고조절자라는 원형의식을

기의 세계의 층위에서 발현시킬 수 있도록 도와주는

무형의 기계장치와 소프트웨어 프로그램에 비유할 수 있습니다.

진리의 영은

5층의 수직적인 층위로 이루어져 있습니다.

사고조절자에서 발현된 원형의식이

진리의 영의 5개층의 수직적인 층위를 통과하면

원형의식이 구체화되기 시작합니다.

진리의 영은 사고조절자의 원형의식에

이성과 논리를 부여하는 소프트웨어입니다.

진리의 영의 5개층을 통과한
사고조절자의 원형의식은 논리적 체계를 갖추게 됩니다.
진리의 영을 통과할 때
사고조절자의 원형의식의 에너지의 변형이 일어나지 않습니다.

진리의 영은 논리성을 갖게 합니다.
진리의 영은 합리성을 갖게 합니다.
진리의 영은 이성적 사고를 형성시킵니다.

진리의 영은 머리 좋은 사람을 만듭니다.
진리의 영은 천재나 영재를 만듭니다.
진리의 영은 형이하학적 사고를 형성시킵니다.

진리의 영은 사고의 직진성을 갖게 합니다.
진리의 영은 사고의 강직성을 갖게 합니다.
진리의 영은 사고의 경직성을 갖게 합니다.

진리의 영은 두려움과 공포를 잘 견디게 합니다.
진리의 영은 자기중심적인 성향을 유발합니다.
진리의 영은 우월주의와 선민사상을 형성합니다.

진리의 영은 꼴통적 사고를 갖게 합니다.
진리의 영은 외골수의 성격을 창조합니다.
진리의 영은 사고의 명료성으로 나타납니다.

일반 영혼들의 진리의 영이 탄생될 때는
5개 층위의 수직구조로 창조됩니다.
매트릭스 관리자의 역할과
어둠의 역할이 있는 데이날 그룹들은
진리의 영의 층위가
7층으로 구성되어 있습니다.
어둠의 성향이 짙은
어둠의 정부의 일꾼들인 멜기세덱 그룹들은
진리의 영의 층위가
9층으로 구성되어 있습니다.

어둠의 일꾼들은
진리의 영이 발달한 특수한 영혼 그룹입니다.
어둠의 일꾼들은
행성에 물질 매트릭스를 설치하고 운영하기 위해
눈에 보이는 것만을 믿으며
이성과 논리가 강하게 발현될 수 있도록
진리의 영이 강하게 셋팅되어 있습니다.

어둠의 일꾼들은
진리의 영의 층위의 간격이
일반 영혼보다 매우 촘촘하게 구성되어 있습니다.
진리의 영의 간격이 좁기 때문에
사물을 보는 관점이 매우 단순합니다.

어둠의 일꾼들은
진리의 영의 층위가 매우 조밀하게 구성되어 있기에
메타 인지가 잘 이루어지지 않습니다.
어둠의 일꾼들은
진리의 영이 발달한 특수한 영혼 그룹입니다.
어둠의 일꾼들은
추상적이고 모호한 것들을 아주 싫어하며
숫자로 딱딱 떨어지고 단순하고 명료한 것을 좋아합니다.

진리의 영이 발달하게 되면
나타나는 특성은 다음과 같습니다.

첫째
사고의 유연성이 떨어지게 됩니다.
사고의 강직성이 나타납니다.
사고의 직진성이 강하게 나타납니다.
사고에 우월성이 강하게 나타납니다.
자만과 교만이 강하게 나타나며
타인을 위에서 아래로 보는데 익숙합니다.

둘째
강한 이과적 성향이 나타나게 됩니다.
학자나 과학자 또는 교수로서의 삶을 사는 경우가 많습니다.
일반인들이 진리의 영이 발달한 사람과 경쟁하여
경쟁에서 앞서가는 것은 사실상 불가능합니다.

셋째

이성적 사고와 합리적 사고가 발달하여

인간미가 떨어지며 드라이한 성격이 나타납니다.

사고의 목적성이 강하기에

자신이 정한 목표를 이루기 위해서 매우 성실합니다.

자신의 감정을 잘 관리하고

자신의 감정을 잘 통제할 수 있습니다.

넷째

자신이 한번 옳다고 판단한 것들과

자신의 신념으로 받아들인 가치들은

어떠한 경우에도 흔들리지 않으며

절개있고 강한 추진력을 발휘할 수 있습니다.

선택의 상황이나 갈등의 상황에서 쉽게 흔들리지 않으며

고집불통과 꼴통의 성격이 나타나게 됩니다.

다섯째

남의 말을 거의 듣지 않으며

자신의 주장을 끝까지 관철시키는 경향이 강하며

자신만의 논리가 매우 강하여

궤변론자나 강한 독재자의 성격으로 드러나게 됩니다.

여섯번째

추상적인 사고를 바탕으로 하는

메타 인지가 잘 이루어지지 않습니다.

모든 것에 따지기를 좋아하고
그냥 넘어가는 것이 없으며
지적질을 잘하는 경향이 나타납니다.

일곱번째
타인을 편하게 해줄 수 있는 의식의 공간이 없습니다.
비판적인 사고와 함께 이기적인 성격이 나타나며
바늘로 찔러도 피 한방울 나오지 않을 만큼
냉정한 성격을 가지고 있습니다.

사람 냄새가 잘 나지 않으며
일반인들과 잘 섞이지 못하고
말이 잘 통하지 않을 것 같은 사람이 되어 있습니다.

여덟번째
머리가 매우 좋습니다.
머리가 좋은 반면에 감성이 발달하지 못하거나
감정 장애를 가지고 있는 사람이 많습니다.

머리가 좋은 반면에
일반인들이 느낄 수 있는 감정의 1/3밖에 느끼지 못합니다.
그로 인하여 타인과의 공감 능력이 매우 떨어지게 됩니다.

머리가 좋기 때문에 머리 쓰는 것을 좋아하고
몸을 쓰는 것을 본능적으로 싫어합니다.

아홉번째

진리의 영이 발달하면 할수록

어둠의 성향이 매우 강한 사람이 됩니다.

진리의 영이 발달하면 할수록

시험 성적이 좋아서

사회 엘리트로서 자리잡는데 탁월한 경쟁력이 있습니다.

열번째

진리의 영이 발달하면 할수록

정의감이 발달하는 사람이 있습니다.

진리의 영이 발달하면 할수록

두려움이 없으며

자신의 생각을 관철시키려는 강한 성향 때문에

사회 운동가나 사회 혁명가로 살게 됩니다.

진리의 영이 발달하면 할수록

짙은 어둠의 성향이 나타나게 되며

사고의 균형을 갖추지 못하고

사고가 치우치거나 폐쇄적인 학자로서의 삶을 살게 됩니다.

진리의 영에 대한

기록의 필요성과 정리의 필요성이 있어

우데카 팀장이 이 글을 기록으로 남깁니다.

진리의 영이 발달한 사람들의 특성

감정의 기원은 영입니다.

생각의 기원은 영입니다.

의식의 기원은 영입니다.

영은 창조주의 제1조물작용에 의해 탄생됩니다.

영은 사고조절자와 진리의 영과 거룩한 영으로 구성되어 있습니다.

창조주의 의식은 사고조절자에 담겨 있습니다.

사고조절자에 담긴 창조주의 의식은

너무나 높은 진동수를 가지고 있는

18차원의 순도 높은 빛이며 의식입니다.

사고조절자에 담긴 창조주의 의식은

만 볼트가 넘는 고전압에 비유할 수 있습니다.

순도 높은 창조주의 의식이

4차원의 인간의 몸에서 구현되기 위해서는

보이지 않는 세계에서 수많은 무형의 전환장치들을 거쳐야

인간의 생각과 의식으로 구현될 수 있습니다.

진리의 영은 순도 높은 창조주의 의식을

처음으로 진동수를 다운시키는 역할입니다.

진리의 영을 비유적으로 설명하면

수만 볼트의 전압을 수천 볼트로 다운시키는 역할이 있습니다.

진리의 영은
사고조절자에 담긴 창조주의 의식을
처음으로 구체화시키는 프로그램의 역할이 있습니다.
진리의 영은
사고조절자에 담긴 창조주의 의식을 해석하는 프로그램이
수직적으로 5층위까지 세분화되어 있으며
9층위까지 세분화된 경우도 있습니다.

영마다 진리의 영에 설치된 프로그램의 층위가
5층위에서 9층위까지 다양하게 창조됩니다.
진리의 영에 설치된 5개 층위의 프로그램을 가진 사람은
상승하는 영혼들입니다.
진화한 영혼일수록
진리의 영의 층위가 증가하게 됩니다.
선천적 사고조절자가 발달한 어둠의 일꾼들은
진리의 영이 9개의 층위를 가지고 있습니다.
선천적 사고조절자가 발달한 행성 영단의 관리자들은
7개 층위를 가지고 있습니다.

진리의 영은 3가지 변수를 통해
사고조절자에 담긴 창조주의 의식을 구체화시키게 됩니다.

첫째
진리의 영에 설치된 프로그램의 층위(숫자)의 차이

둘째

진리의 영에 설치된 프로그램의 스펙트럼에 의해

다양하게 창조주의 의식이 구현됩니다.

사고조절자에 담긴 창조주의 의식은

진리의 영이라는

무형의 프로그램이라는 변수를 통해

다양한 창조주의 의식이 나타납니다.

셋째

진리의 영의 프로그램과 프로그램 사이의 간격입니다.

진리의 영에 설치된 프로그램이 많을수록

다음과 같은 성향이 나타나게 됩니다.

- 논리적인 성격이 강하게 나타납니다.
- 사고의 경직성이 강하게 나타납니다.
- 이성적이고 합리적인 성격이 나타납니다.
- 눈에 보이는 것만을 믿는 성향이 강합니다.
- 수학적이고 과학적인 사고에 능숙하게 됩니다.

진리의 영에 설치된 프로그램의 스펙트럼에 따라

다음과 같은 성향이 나타나게 됩니다.

- 이성적이고 논리적인 사람의 달란트가 결정됩니다.
- 수학을 잘하면서 음악을 잘하는 사람이 될지

  수학을 잘하면서 기호학을 잘하는 사람이 될지가 결정됩니다.
- 어둠의 일꾼들의 개성이 결정됩니다.

- 이성적이고 논리적인 사람 중에
  게으른 사람과 성실한 사람이 결정됩니다.
- 머리가 좋고 공부잘하는 사람들의 개성을 결정하게 합니다.

진리의 영에 설치된 프로그램의 간격의 차이에 따라
다음과 같은 성향이 나타나게 됩니다.
- 간격이 좁으면 좁을수록 꼴통이 됩니다.
- 간격이 좁으면 좁을수록
  사고의 폭이 매우 좁게 나타납니다.
- 간격이 좁으면 좁을수록
  감정의 폭이 매우 좁게 나타납니다.
- 간격이 좁으면 좁을수록
  한번 생성된 논리를 진리와 진실로 받아들이면서
  배타성이 강한 성격의 인물이 됩니다.
- 간격이 좁으면 좁을수록
  강한 신념이 나타나며
  어떠한 상황에서도 자신의 의지를 굽히지 않는
  독설가와 독재자의 성격이 나오게 됩니다.

창조주의 의식을 담은 사고조절자는
진리의 영이라는 특수한 프로그램을 가진
빛의 영역을 통과하게 됩니다.
진리의 영이라는 특수한 빛의 스펙트럼을 가진
영역을 통과하게 되면
다양한 사고의 층위와 성격을 가진 에너지가 탄생됩니다.

진리의 영을 투과한 창조주의 의식은
거룩한 영이라는 특수한 빛의 영역대를 통과하면
영의식이 구현됩니다.
영의식은 인간의 몸이라는 체를 거치게 됩니다.
인간의 감정선과 의식선의 체를 거치고
인간의 마음의 작용이 일어나는
메타 의식구현 시스템을 거치고
마지막으로 인간의 뇌의 작용을 거쳐
창조주의 의식은 인간의 생각과 감정과 의식으로 구현되게 됩니다.

이 글을 읽고 있는 당신은
창조주의 의식을 구현하고 있는
창조주의 자녀라는 것을 기억하시기 바랍니다.
이 글을 읽고 있는 당신과 모든 생명체들은
창조주의 의식을 구현하는
신성한 존재라는 것을 잊지 마시기 바랍니다.

시절인연이 되어 우데카 팀장이
시절인연이 있는 하늘 사람들을 위해
대우주의 진리를 전합니다.

진리가 너희를 자유케 하리라

거룩한 영에 대한 정리

영은 사고조절자와 진리의 영과
거룩한 영으로 구성되어 있습니다.
영의식은 영의 3가지 구성요소의 작용으로 탄생됩니다.

사고조절자는
창조주께서 영을 창조할 때 부여하는
가장 진동수가 높은 창조주의 의식입니다.
사고조절자는
영의식을 형성하기 위한 원형의식을 말합니다.
사고조절자는
영이 탄생될 때 창조주로부터 부여되는
선천적 사고조절자를 말합니다.
후천적 사고조절자는
영혼이 물질 체험을 통해 얻어지는 모든 것들이
기록되고 데이터베이스화 된 것을 말합니다.

사고조절자는
순수한 공의 세계에 있는 창조주의 의식이라고 할 수 있습니다.
진리의 영은 기의 세계에서
창조주의 의식을 처음으로 드러나게 하는
무형의 기계장치와 소프트웨어를 말합니다.

거룩한 영은 색의 세계에
창조주의 의식을 드러나게 하는
무형의 기계장치와 소프트웨어를 말합니다.

영의식은 창조주의 의식이
공의 세계인 사고조절자를 거치고
기의 세계인 진리의 영을 거치고
색의 세계인 거룩한 영이라는
무형의 기계장치와 소프트웨어를 거쳐 구현되는 것을 말합니다.

사고조절자는 창조주의 에너지입니다.
진리의 영은 남성성을 상징하는 창조주의 에너지입니다.
거룩한 영은 여성성을 상징하는 창조주의 에너지입니다.

사고조절자는 창조근원의 에너지라고 합니다.
진리의 영은 우주 아버지의 에너지라고 합니다.
거룩한 영은 우주 어머니의 에너지라고 합니다.

거룩한 영은 영의 3요소 중
가장 바깥쪽에 존재합니다.
사고조절자의 원형의식은
진리의 영의 무형의 기계장치를 거치면서
논리의 체계가 형성됩니다.
진리의 영의 무형의 기계장치를 통과한 에너지(정보)는
거룩한 영의 층위를 투과하면서 온전한 영의식으로 완성됩니다.

거룩한 영의 영역은
감성적인 영역을 담당합니다.
거룩한 영의 영역은
논리의 체계가 형성된 의식에
응용과 확장을 만들어 줍니다.
거룩한 영의 영역은 형이상학적인 의식의 영역을 강화시켜 줍니다.
거룩한 영의 영역은 고정된 틀이 없으며
빛이 구름을 만나 산란을 하는 구조로 되어 있습니다.

거룩한 영의 층위에는
바람이 불듯 에너지의 흐름이 있습니다.
에너지의 흐름과 함께 구름 모양의 에너지들이
다양한 방향성을 가지고 회전하면서 움직이고 있습니다.

진리의 영을 통과한 에너지가
거룩한 영의 층위에서 회전하면서 움직이고 있는 에너지를 만나
산란이 이루어지면서 영의식의 발현이 이루어집니다.

진리의 영을 통과한 에너지가
거룩한 영의 영역에
수평으로 퍼져나가는 형태를 띠고 있습니다.
진리의 영에서 전달된 에너지가
거룩한 영의 불규칙한 움직임 속에서
일정한 규칙을 가진 에너지로 탄생이 되는데
이것을 영의식이라고 합니다.

진리의 영을 통과한 에너지가

거룩한 영의 영역에서

어떤 방향과 어떤 흐름을 가지고 있는 에너지와 만나

산란하는 방향에 따라

다양한 영의식이 발생될 수 있음을 의미합니다.

영의식의 발현은

영의 3요소를 어떻게 셋팅하느냐에 따라 달라지게 됩니다.

영의식의 발현을 위해

사고조절자 : 진리의 영 : 거룩한 영의 구성 비율은

6 : 2.5 : 1.5가 일반적입니다.

진리의 영은 2.0 ~ 2.5 범위내에서 구성됩니다.

거룩한 영은 1.5 ~ 1.8 범위내에서 구성됩니다.

선천적 사고조절자가 발달한 어둠의 일꾼들은

진리의 영의 비율이 높습니다.

후천적 사고조절자를 형성해야 하는 일반 영혼들은

거룩한 영의 비율이 높습니다.

빛의 일꾼들은 영이 창조될 때

진리의 영보다는 거룩한 영의 비율이 더 높게 탄생됩니다.

거룩한 영은 감성을 활성화시켜 줍니다.

거룩한 영은 따뜻함과 포근함을 느끼게 합니다.

거룩한 영은 사람에게 사람 냄새를 나게 합니다.

거룩한 영은 느낌의 영역을 활성화시킵니다.
거룩한 영은 직관의 영역을 활성화시킵니다.
거룩한 영은 감정을 풍부하게 해줍니다.

거룩한 영은 영성지수를 높여줍니다.
거룩한 영은 메타 인지를 고도화시킵니다.
거룩한 영은 예술성과 미학적 상상력을 활성화시켜 줍니다.

거룩한 영은 포용과 이해를 활성화시킵니다.
거룩한 영은 사랑과 자비와 연민의 에너지를 활성화시킵니다.
거룩한 영은 양심을 단단하게 해줍니다.

거룩한 영에 대한 정리의 필요성이 있어
영의식이 발현되는 원리에 대한
기록의 필요성이 있어
이 글을 우데카 팀장이 기록으로 남깁니다.

거룩한 영이 발달한 사람들의 특성

인간의 생각의 기원은 창조주의 의식입니다.
인간의 상상력의 기원은 창조주의 의식입니다.
인간의 창조력의 기원은 창조주의 의식입니다.

창조주의 의식은
영에 담겨 있습니다.
창조주의 의식은 영을 구성하는 3요소 중
사고조절자에 담겨 있습니다.
창조주의 의식은 영을 구성하는 3요소 중
진리의 영이라는 특수한 에너지층을 통과하면
논리를 갖춘 의식이 탄생됩니다.
창조주의 의식은 영을 구성하는 3요소 중
거룩한 영이라는 특수한 에너지층을 통과하면
상상력과 창의력을 갖춘 의식이 탄생됩니다.

상상력은 거룩한 영의 작용에 의해 탄생합니다.
직관력은 거룩한 영의 작용에 의해 탄생됩니다.
창의력은 거룩한 영의 작용에 의해 탄생됩니다.
창조력은 거룩한 영의 작용에 의해 탄생됩니다.
영성지수는 거룩한 영의 작용에 의해 탄생됩니다.

사고조절자에 담긴 창조주의 의식은
진리의 영의 작용에 의해 논리를 갖춘 의식으로 탄생됩니다.
논리를 갖춘 의식은 거룩한 영의 작용에 의해
상상력이나 응용력이 더해져 영의 모나드 의식이 구현됩니다.

진리의 영과 거룩한 영은 18차원의 창조주의 의식을
각 차원에 맞는 의식으로 전환시킬 수 있는 에너지 전환장치입니다.
18차원 18단계의 창조주의 의식은
1차원 1단계부터 18차원 17단계까지
의식을 가진 존재들에게 구현됩니다.
18차원의 창조주의 의식이
각 차원에 맞는 진동수로 전환할 수 있도록 하는 프로그램이며
정교한 기계장치를 포함하고 있는 것이
진리의 영과 거룩한 영입니다.

진리의 영은 다음과 같은 특성이 있습니다.
고등어 → 등푸른 생선 → 푸른 바다 → 푸른 하늘과 같이
단계적으로 의식을 구현시키게 됩니다.

거룩한 영은 다음과 같은 특성이 있습니다.
• 고등어 ⇒ 생선 ⇒ 새끼줄 ⇒ 아버지의 사랑
• 고등어 ⇒ 푸른 바다 ⇒ 구름과 나
• 고등어 ⇒ 수컷 고등어 ⇒ 고등어의 첫 경험과 같이
논리보다는 상상력의 작용이 일어나게 하여
사고의 폭을 확장시키는 역할이 있습니다.

거룩한 영이 발달한 사람은
다음과 같은 특징이 있습니다.

첫째
상상력이 풍부하며
논리보다는 비유와 상징을 들어 이야기하는 것을 좋아합니다.
노래방에서 노래를 부를 때
감정을 듬뿍 실어서 노래를 부르는 사람입니다.
사람 냄새가 나는 사람입니다.

둘째
영성지수가 높은 사람입니다.
논리적으로 따져서 아는 것이 아니라
느낌으로 그냥 아는 것이 많은 사람입니다.
직관력이 발달한 사람입니다.
메타 인지 능력이 잘 발달한 사람입니다.
창의력과 창조력이 발달한 사람입니다.
거룩한 영의 가동률에 따라
상상력과 창의력의 수준이 결정됩니다.

셋째
논리보다는 감성이 발달한 사람입니다.
드라이한 성격보다는 뽀송뽀송한 성격이 나타납니다.
타인을 위한 꽃 한 송이를 피울 수 있는 사람입니다.
진흙속에서 연꽃을 피울 수 있는 사람입니다.

논리적이고 분석적으로 따지는 것을 싫어하며
자신의 경험과 느낌을 중요시 여기는 사람들입니다.

넷째

눈에 보이지 않는 세계가 전부가 아님을
그냥 알고 있는 사람들입니다.
보이지 않는 세계를 믿을 수 있는
사고 체계를 가진 사람입니다.

거룩한 영의 가동률이 일정부분을 넘어서게 되면
다음과 같은 치명적인 단점이 나타납니다.

첫째

거룩한 영의 가동률이 정상 범위보다 높으면
공상가나 몽상가가 됩니다.
거룩한 영의 가동률이 높아지면 높아질수록
논리적 비약이 심하며
자신의 생각을 말로 표현하기가 어렵습니다.
머리속에 떠오르는 생각이나 느낌을
언어나 말로 표현하는데
많은 어려움이 있습니다.
거룩한 영의 가동률이 높아지면 높아질수록
정상적인 대화가 불가능하며
정신 분열이 발생하게 됩니다.

둘째

거룩한 영의 가동률이 높아지면 높아질수록

분별력과 상황 판단력이 떨어지게 됩니다.

상황에 맞지 않는 행동이나 말을 하게 됩니다.

거룩한 영의 가동률이 정상범위를 벗어나게 되면

맹목적인 믿음으로 이어지게 되며

맹목적인 신념으로 나타나게 됩니다.

셋째

거룩한 영의 가동률이 낮게 되면

융통성이 없는 성격이 나타납니다.

거룩한 영의 가동률이 낮게 되면

이해력이 부족하고 사고의 폭이 좁아지게 됩니다.

거룩한 영의 가동률이 낮게 되면

이기적이며 자기중심적인 사고가 나타나게 됩니다.

영이 창조주에 의해 탄생되고 나면

창조주의 의식은 사고조절자와 진리의 영과 거룩한 영을 통과하면서

최초의 영의식이 발현되게 됩니다.

최초의 영의식을 기반으로 하여

창조주의 제2조물작용이 일어납니다.

창조주의 제2조물작용에 의해

이번 생애에 체험하기로 예정된

윤회 프로그램에 최적화된 사람으로 조물이 이루어집니다.

눈에 보이지 않는 세계에서는
영의식의 탄생이 먼저 이루어지고
혼의식의 탄생이 이루어지고 난 후
영혼백의 에너지가 정기신혈의 에너지로 전환됩니다.
영혼백의 에너지가 정기신혈의 에너지 작용이 되는 것이
생명의 탄생이 갖는 우주적 의미입니다.

거룩한 영에 대한
기록의 필요성이 있어
정리의 필요성이 있어
우데카 팀장이
이 글을 기록으로 남깁니다.

거룩한 영의 작용기전

창조주의 의식은 영에 담겨 있습니다.
창조주의 의식은 사고조절자에 압축되어 있습니다.
창조주의 의식은 진동수가 매우 높은 빛입니다.
창조주의 빛이 진리의 영과 거룩한 영이라는
에너지 전환장치를 반드시 통과해야 영의식이 탄생됩니다.

영의 3요소인
사고조절자와 진리의 영과 거룩한 영의
무형의 기계장치와 프로그램을 통해 영의식이 탄생됩니다.
사고조절자와 진리의 영과 거룩한 영은
영의식을 구현하는 시스템입니다.
하늘의 천사들은 영의식을 통해
자신의 임무와 역할을 수행하고 있습니다.
영의식이 구현되는 시스템은
천사들의 의식이 구현되는 의식구현 시스템입니다.

진리의 영을 통과한 창조주의 의식이
거룩한 영을 통과하는 기전은 다음과 같습니다.

진리의 영의 프로그램과 프로그램 사이가 촘촘하게 되면
에너지의 밀도가 높아집니다.

진리의 영을 통과한 영 에너지의 밀도가 높으면
거룩한 영에 있는 5개의 막을 투과할 때
빛의 산란율이 떨어지게 됩니다.
거룩한 영에서 빛의 산란율이 떨어지게 되면
사고에 융통성이 부족하게 되며
상상력과 직관력이 떨어지게 됩니다.

진리의 영을 투과한 에너지는 논리를 갖춘 의식입니다.
거룩한 영에 있는 5개의 구조물에 부딪쳐
의식을 갖춘 빛이 산란하게 됩니다.
이때 산란되는 힘이 거룩한 영의 파워입니다.
렌즈에 상이 맺히듯
거룩한 영의 막을 투과하여 나온 빛의 발산력이 크면 클수록
상상력과 융통성이 담겨 있는 의식이 결실을 맺게 됩니다.
거룩한 영의 5개막을 투과하여 나온 빛의 발산력이 약할수록
상상력과 융통성이 결실을 맺지 못하고
사고의 경직성으로 나타나게 됩니다.

거룩한 영의 구조는 다음과 같습니다.
거룩한 영은 총 5개 에너지막이 있습니다.
거룩한 영의 첫번째 막(필터)은
에너지를 발산하고 증폭시키는 역할이 있습니다.
거룩한 영의 첫번째 막은
3가지 층위로 되어 있으며
이 막을 통과하면 의식의 핵이 만들어집니다.

의식의 핵이 만들어지고 나면
거룩한 영의 나머지 4개 막을 통과하면서
상상력과 융통성이 생기면서
사고의 폭이 넓어지며 의식의 확장이 일어나게 됩니다.

어둠의 일꾼들은 의식의 핵이 단단하며 밀도가 무겁게 됩니다.
어둠의 일꾼들의 의식의 핵은
거룩한 영의 4개 층을 통과하면서
빛의 산란율이 떨어지게 됩니다.
어둠의 일꾼들은 이러한 원리에 의해
강한 정의감이나 강한 신념이 형성됩니다.
융통성이 없으며 사람 냄새가 나지 않으며
사고의 경직성으로 인하여 꼴통이 됩니다.
사고의 폭이 좁아지면서 혁명가의 기질이 형성됩니다.

거룩한 영의 첫번째 막의 발산력에 의해
4개의 에너지막을 통과하게 됩니다.
진리의 영에서 나온 의식의 밀도가
거룩한 영의 발산력에 영향을 미칩니다.
거룩한 영의 발산력이 클수록 빛의 산란율이 커집니다.
거룩한 영의 가동률이 높을수록 발산력이 커지게 됩니다.
우주적 신분이 높을수록 거룩한 영의 발산력이 커집니다.
거룩한 영의 발산력이 크면 클수록
논리를 갖춘 의식이 상상력과 창의력을 갖춘 의식으로의 전환이
원활하게 이루어집니다.

거룩한 영의 첫번째 막은 발산력을 결정합니다.

거룩한 영의 두번째 막은

일정하게 회전을 하고 있는 에너지 덩어리들이

일정한 간격을 가지고 수평으로 배치되어 있습니다.

두번째 막과 똑같은 구조로

2번째에서 5번째 막까지 4개의 막이 층층으로 쌓여 있습니다.

거룩한 영의 2번째에서 5번째 막을 통과하면서

빛이 산란하게 됩니다.

산란한 빛은 일정한 방향이 결정됩니다.

산란한 빛은 렌즈의 초점이 맞추어져 상이 맺히듯

논리를 갖춘 의식에 창의력과 창조력을 갖춘 의식이 탄생됩니다.

빛이 산란되는 방향은 프로그램되어 있습니다.

빛이 산란되어 한곳으로 모아지는 것 역시 프로그램되어 있습니다.

거룩한 영의 첫번째 막의 프로그램에 따라

빛의 가속과 함께 1차 산란율이 결정됩니다.

거룩한 영의 첫번째 막의 프로그램에 따라

빛의 각도가 결정되며

3가지 유형의 프로그램으로 가동되고 있습니다.

거룩한 영의 2~5번째 막에는

작은 에너지 덩어리들이 회전하고 있습니다.

작은 에너지 덩어리들은 유리알처럼 맑고 매끈하게 되어 있어

투과된 빛이 잘 반사되도록 설계되어 있습니다.

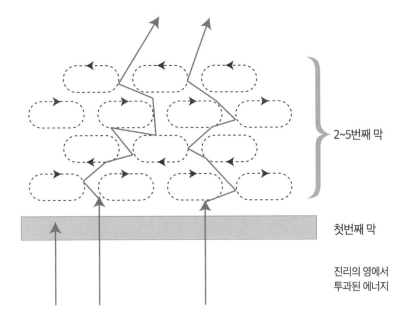

■★ 거룩한 영의 작용 모습

2~5번째 막

첫번째 막

진리의 영에서
투과된 에너지

작은 에너지 덩어리들의 움직임의 프로그램은

각각의 층위에서 하나씩 구성되어 작동되고 있습니다.

작은 에너지 덩어리들은 원형을 이루며

일정한 방향으로 회전하고 있습니다.

작은 원형의 덩어리들은 4층으로 구성되어 있고

각 층위마다 작은 에너지 덩어리마다

움직임의 속도가 다르게 정해져 있습니다.

작은 에너지 덩어리들은

상상력과 창의력을 만드는 에너지원입니다.

작은 에너지 덩어리들 하나 하나는

생각이나 사고를 담고 있는 에너지 덩어리들입니다.
작은 에너지 덩어리들 하나 하나는 생각의 덩어리들입니다.
작은 에너지 덩어리들 하나 하나는
사고의 내용을 담고 있는 정보의 덩어리들입니다.

작은 에너지 덩어리들의 4개의 층위를 거쳐 산란하는 동안
창조력의 방향과 내용들이 빛에 담겨지게 됩니다.
어떠한 생각의 에너지 덩어리를 만나고
어떤 생각의 덩어리에 산란했느냐에 따라
생각의 층위와 의식의 층위가 달라지게 됩니다.
4개의 층위에 존재하는 어떠한 에너지 덩어리를 만났느냐에 따라
상상력의 수준과 메타 인지의 수준이 결정되게 됩니다.

작은 에너지 덩어리들에 의한 빛의 2차 산란율에 따라
최종 산란율을 결정하게 되며
영의식의 다양한 층위가 결정되게 됩니다.

이 작은 에너지 덩어리들은 하나 하나가
특정한 생각을 발현할 수 있도록 하는 에너지입니다.
독특한 생각을 담고 있는
작은 에너지 덩어리 하나 하나를 투과하면서
빛의 다양한 산란과 반사가 이루어지게 됩니다.
이 과정을 통하여
창조주의 의식은 영마다 고유하고
다양한 패턴의 영의식이 구현되는 것입니다.

창조주의 의식이 영의식으로 전환되는 원리에 대해
기록의 필요성이 있어
이 글을 기록으로 남깁니다.
창조주의 의식이 진리의 영과 거룩한 영을 거쳐
영의식이 탄생되는 과정에 대한 정리의 필요성이 있어
이 글을 기록으로 남깁니다.

창조주의 의식이 거룩한 영을 통해
영의식의 탄생이 이루어지는 대우주의 비밀을
시절인연이 되어 우데카 팀장이
이 글을 기록으로 남깁니다.

생각의 탄생 유식론에 대한 정리

생각의 기원은 영의식에서 기원합니다.
감정의 기원은 영의식에서 기원합니다.
의식의 기원은 영의식에서 기원합니다.

생각이 탄생되는 기전은 다음과 같습니다.
생각은 창조주의 제1조물작용인
영의 창조와 함께 영의식을 통해 탄생됩니다.
창조주의 제2조물작용을 통해
인간의 몸이 조물됩니다.
인간의 몸을 통해 구현되는 의식을 통해
생각이 탄생됩니다.

창조주의 의식 ⇒ 사고조절자 ⇒ 진리의 영 ⇒ 거룩한 영
⇒ 영의 모나드 의식의 탄생
⇒ 혼의식 매트릭스 ⇒ 혼의식 프로그램
⇒ 영의식과 혼의식이 탄생
⇒ 인간의 12개 감정선 ⇒ 인간의 7개 의식선
⇒ 메타보드(감정과 의식이 통합되는 곳)
⇒ 메타 휴머노이드 의식구현 시스템
⇒ 뇌의 연산 작용 ⇒ 생각의 탄생이 이루어집니다.

영의식은 창조주의 의식에서 기원합니다.
창조주는 자신의 의식을 영 속에 담아 놓았습니다.
창조주의 의식이 담긴 진동수가 가장 높은 의식을
사고조절자라고 합니다.
사고조절자에 담겨진 창조주의 의식은
압축 파일에 비유할 수 있습니다.
사고조절자에 담겨진 창조주의 의식은
진리의 영과 거룩한 영이라는
압축 파일을 푸는 프로그램을 통해 영의식이 구현됩니다.

탄생된 영의식이 생명체의 밖에서 구현될 경우
천사 또는 에너지체라고 합니다.
탄생된 영의식이 인간의 몸 안에서 구현될 때를
생각 또는 의식이라고 합니다.

창조주의 제1조물작용에 의해 탄생된 영의식은
창조주의 제2조물작용을 거치게 되면
영혼백이 결합된 인간의 몸이 됩니다.
영의 모나드 의식은 제2조물작용을 거친 인간의 몸에서
혼의식 매트릭스와 혼의식 프로그램을 통한 혼의식을 만나
영혼의 두 에너지가 결합하여
영혼의 의식이 탄생됩니다.

영의식과 혼의식은 인간의 몸에서 결합하여
영혼의 의식이 됩니다.

영혼의 의식은 인간의 몸에서
다시 12개의 감정선과 7개의 의식선을 거치게 됩니다.
감정선과 의식선은 메타보드라는
심장을 싸고 있는 심포의 막의 차원간 공간에 존재하는
무형의 기계장치에서 통합이 이루어집니다.
메타보드를 통과한 의식은
메타 휴머노이드 의식구현 시스템과 정보를 공유하게 됩니다.
메타 휴머노이드 의식구현 시스템은
무의식과 잠재의식과 현재의식의 3개의 층위로 되어 있으며
영혼에게 부여된 달란트가
폴더의 형태로 저장되어 있는 공간입니다.

불교에서 아뢰야식이라고 하는 의식은
인간의 의식이 발현되는 층위를 말하며
메타 의식구현 시스템의 잠재의식이나 무의식의 층위를 말합니다.
메타 의식구현 시스템은 인간의 마음의 작용이 일어나는
무형의 기계장치입니다.

영혼에게서 구현된 영혼의 의식이
인간의 메타 의식구현 시스템을 통하여
오만가지의 생각을 구현할 수 있습니다.
영혼에게서 구현된 영혼의 의식이
인간의 마음작용을 통하여
이번 생애에 필요한 것들을 가지고 온 데이터들과 결합하여
천차만별의 의식이 구현될 수 있습니다.

영혼에게서 구현된 영혼의 의식이
메타보드와 메타 의식구현 시스템을 통과하여
뇌의 스크린으로 정보가 전달됩니다.
뇌에게 전달된 의식은
기억과 감각의 통합이 이루어집니다.
뇌와 메타보드와 메타 의식구현 시스템 사이에서
정보의 피드백을 통해
생각이라는 것을
인간이 인식하게 되는 것입니다.

사고조절자에 담긴 창조주의 의식을
원형의식이라 합니다.
창조주의 제1조물작용에 의해 탄생된 영을 통해 구현되는 의식을
영의식이라고 하며
양심의 탄생이라고도 합니다.

영의식만을 구현하는 존재들을 천사라고 합니다.
무극과 태극에 존재하는 천사들은
영의식을 구현하고 있습니다.
삼태극의 물질세계에 있는 천사들은
영혼의 의식을 구현합니다.
삼태극의 물질세계에 살고 있는 모든 생명체들은
영혼백이라는 의식을 모두 구현하는 시스템을 통하여
의식이 탄생됩니다.

생각이 탄생되는 대우주의 비밀을 전합니다.
감정이 탄생되는 대우주의 비밀을 전합니다.
의식이 탄생되는 대우주의 비밀을 전합니다.

인류가 풀지 못하고 있던
유식론에 대한 정리의 필요성이 있어
유식론에 대한 기록의 필요성이 있어
이 글을 우데카 팀장이 기록으로 남깁니다.

상상력의 비밀 창의력과 창조력이 발생하는 원리

상상력의 기원은 무엇인가?

상상력은 어디에서 오는가?

상상력은 어떻게 구현되는가?

인류가 늘 궁금해 하던 문제입니다.

가스통 바슐라르의

촛불의 미학이라는 책을 읽으면서

인간의 상상력이 주는 아름다움을 경험한 적이 있습니다.

가스통 바슐라르의

물과 꿈이라는 책을 통해 인류는

상상력의 근원이 물질에서 오는 경험이라는 것을 인지하였습니다.

현재 인류의 의식수준에서

상상력의 근원은 물질에서 기원한다고 알고 있습니다.

현재 인류의 의식수준에서

상상력은 물질세계를 경험하는 과정에서

확장되는 의식이라고 알고 있습니다.

현재 인류의 의식수준에서

상상력의 기원은 물질이며

물질의 기원은 물, 불, 공기, 흙이라고 알고 있습니다.

상상력은 인간의 경험안에서 확장되는
의식의 영역입니다.
상상력은 인간의 감각적 경험이 확장되어 나타나는
의식의 영역입니다.
상상력은 인간의 의식이 메타 인지를 통해
확장되어가는 과정에 나타나는
비유와 상징을 말합니다.
상상력은 인간의 의식이 느낌과 직관을 통해
확장해가는 메타 인지의 인식론을 말합니다.

고등어를 보고 생선을 생각하는 것은
상상력이 아닙니다.
고등어를 보고 생선이 떠오르고
생선을 보고 바다가 떠오르고
바다를 보고 푸르다는 것이 떠오른 것은
상상력이 아니라
의식의 형성 또는 논리라고 합니다.

고등어를 보고 푸른 바다가 떠오르고
고등어를 보고 아버지가 떠오르고
고등어를 보고 고등어의 꿈이 떠오른다면
이것이 상상력이며 메타 인지입니다.

상상력은 물질을 통해서 발현됩니다.
상상력은 기호를 통해서 표현됩니다.

상상력은 물질과 기호의
메타 인지의 작용을 통하여 확장됩니다.
상상력은 비유와 상징을 통하여 확장됩니다.

눈에 보이는 삼태극의 물질세계에서
상상력의 기원은 물질입니다.
눈에 보이는 삼태극의 물질세계에서
상상력의 기원은 물질에 대한 경험입니다.
눈에 보이는 삼태극의 물질세계에서
상상력은 물질의 경험에 기초한 인간 의식의 확장입니다.

눈에 보이지 않는 세계에서
상상력의 근원은 사고조절자에 담긴 창조주의 의식입니다.
눈에 보이지 않는 세계에서
상상력은 거룩한 영의 작용에 의해 탄생됩니다.
눈에 보이지 않는 세계에서
상상력은 거룩한 영의 에너지 작용에 의해 탄생됩니다.

창조주의 의식을 담고 있는 사고조절자가
진리의 영이라는 특수한 에너지층을 통과하면
논리를 가진 에너지가 탄생됩니다.
창조주의 의식이 진리의 영을 통과하면
논리를 가진 빛이 탄생됩니다.
논리를 가진 빛이
거룩한 영이라는 특수한 에너지층을 통과하게 되면

논리에 상상력과 응용력이 생기게 되는데
이것을 영의식 또는 영의 모나드 의식이라고 합니다.

창조주의 의식은 영에 담겨 있습니다.
영은 창조주의 의식을 구현해 내는
특수한 무형의 기계장치를 갖추고 있는
창조주의 의식을 담고 있는 에너지입니다.
영을 통해서 창조주의 의식은 구현됩니다.
영의 3요소인 사고조절자와 진리의 영과 거룩한 영이라는
특수한 장치를 통해 창조주의 의식은 구현될 수 있습니다.

창조주의 의식은 영을 통해 영의식을 구현합니다.
창조주의 의식은 혼을 통해 혼의식을 구현합니다.
혼 에너지는 혼의식 매트릭스와 혼의식 프로그램을 통해
혼의식인 인간의 에고가 탄생됩니다.

창조주의 의식은 영혼을 통해
영의식과 혼의식이 구현됩니다.
창조주의 의식은 영혼을 통해
영혼의 의식을 탄생시킵니다.
창조주의 의식은 영혼백을 통해
인간의 몸에서 마음의 작용을 통해
메타 휴머노이드 의식구현 시스템을 통하여
인간의 생각과 상상력이 탄생됩니다.

인간의 의식의 기원은 영입니다.

인간의 감정의 기원은 영입니다.

인간의 생각의 기원은 영입니다.

인간의 논리의 기원은 사고조절자입니다.

인간의 논리는 진리의 영에서 탄생됩니다.

인간의 상상력은 거룩한 영에서 탄생됩니다.

인간이 비유와 상징화를 할 수 있는 것은 거룩한 영 때문입니다.

인간의 직관과 느낌의 강도는

거룩한 영의 파워에 의해 결정됩니다.

인간의 메타 인지의 수준을 결정하는 것은

거룩한 영의 파워에 의해 결정됩니다.

논리를 갖춘 의식의 에너지가

거룩한 영의 특수한 에너지층을 통과하게 되면

거룩한 영에 있는 5개의 에너지층을 통과하게 되면

의식의 빛이 일정한 방향으로 산란하여

일정한 곳에 모이게 됩니다.

거룩한 영의 층위에서 산란되는 의식의 빛의 강도에 의해

상상력의 수준이 결정이 됩니다.

거룩한 영에서 산란되는 의식의 빛의 강도에 의해

메타 인지의 수준이 결정됩니다.

거룩한 영에서 산란되는 논리의 빛의 강도에 의해

직관력이나 느낌이 결정됩니다.

거룩한 영을 통해 탄생된 상상력은
인간의 몸에 있는 7개의 의식선에서 나온 에너지와의
시너지 작용을 통해 더 구체화되고 강화됩니다.
거룩한 영을 통해 탄생된 창의력과 창조력은
인간의 몸에 있는 7개의 의식선에서 나온 에너지와 합쳐져서
그 에너지가 강화됩니다.

거룩한 영을 통해 생성된 직관과 느낌은
인간의 몸에 있는 12개의 감정선과 7개의 의식선에서 나온
에너지와의 시너지 작용을 통해
더 구체화되며 체계적으로 나타나게 됩니다.

보이지 않는 세계에서
상상력과 메타 인지가 일어나는 원리에 대해
직관력과 창의력이 발생하는 원리에 대해
응용력과 창조력이 발생하는 원리에 대해
기록의 필요성이 있어
정리의 필요성이 있어
우데카 팀장이 이 글을 기록으로 남깁니다.

물질 매트릭스가 설치되는 원리

땅에 펼쳐져 있는 모든 것은
하늘에서 온 것입니다.
땅에 펼쳐져 있는 모든 것은
창조주의 의식에서 온 것입니다.
땅에 펼쳐져 있는 모든 것은
창조주의 의식이 물질세계에 펼쳐지기 위해
진동수를 낮추어 펼쳐져야 합니다.

창조주의 의식은 영을 통하여 땅에 펼쳐집니다.
창조주의 의식은 영의식을 통하여 천사들에 의해 펼쳐집니다.
창조주의 의식은 영의식과 혼의식이 합쳐져서
영혼의 의식이 됩니다.
창조주의 의식은 인간의 몸에서는
영혼의 의식이 마음의 작용인 메타 휴머노이드 의식구현 시스템의
작용을 거쳐야 합니다.
창조주의 의식은 영혼백 에너지라는 필터를 거쳐
인간의 생각이 탄생됩니다.

18차원의 창조주의 의식을
4차원의 물질세계에 펼쳐 놓는다는 것은
그리 쉬운 일이 아닙니다.

18차원의 창조주의 의식을 4차원의 물질세계에 펼치는
특별한 영혼 그룹들이 필요하였습니다.
18차원의 창조주의 의식은
특별한 영혼 그룹에게 선천적 사고조절자를 부여하여
4차원의 물질세계에 물질 매트릭스를 설치하였습니다.

창조주는 선천적 사고조절자를 가진 전문 영혼 그룹들을 통하여
땅에 물질 매트릭스를 설치하여 물질 세상을 운영하고 있습니다.
창조주가 선천적 사고조절자를 가진 전문 영혼 그룹들을 통하여
하늘이 땅에 설치한 물질 매트릭스를
천라지망(天羅地網)이라고 합니다.

하늘의 뜻을 땅에서 펼치는 전문 영혼 그룹들은 다음과 같습니다.

창조주의 의식을 땅에 전하는 영혼 그룹들을
멜기세덱 그룹이라고 합니다.
창조주의 의식을 땅에 펼치는 영혼 그룹들을
매트릭스 관리자라고 합니다.
창조주의 의식을 땅에 펼치는 영혼 그룹들을
행성 영단 관리자라고 합니다.
창조주의 의식을 땅에 펼치는 영혼 그룹들을
하강하는 영혼들이라고 합니다.
창조주의 의식을 땅에 펼치는 영혼 그룹들을
어둠의 정부 또는 어둠의 일꾼이라고 합니다.

하늘의 뜻을 땅에서 펼치는 영혼 그룹들이
물질 매트릭스를 설치하는 원리는 다음과 같습니다.

물질 매트릭스를 설치하는 인물들은
영혼들이 물질 체험을 하는 연극 무대를 설치해 주는 역할에
최적화되어 있습니다.
천라지망을 설치하는 인물들은
눈에 보이는 것만을 믿는 성향이 강합니다.
물질 매트릭스를 설치하는 인물들은
이성적 사고와 논리적 사고를 가진 사람들입니다.

천라지망을 설치하는 인물들은
물질 세상이 창조된 원리에
과학적 합리주의 사고가 형성되도록
진리의 영이 강하게 셋팅된 영혼 그룹입니다.
땅에 물질 매트릭스를 설치하는 인물들은
진리의 영이 발달한 사람들로 머리가 매우 좋은 사람들입니다.

머리 좋은 사람들에게
인간적인 따뜻함까지 기대하는 것은
영의 구조상 불가능한 일입니다.
진리의 영이 발달한 사람들을 통해
하늘은 물질 세상의 연극 무대를 설치하여 운영하고 있습니다.
진리의 영이 발달한 사람들을 통해
하늘은 촘촘한 천라지망을 펼쳐 놓았습니다.

진리의 영이 발달한 사람들은
영이 탄생될 때부터 창조주에 의해
금수저 영혼으로 탄생된 영혼들입니다.
진리의 영이 발달한 사람들은
영이 탄생될 때부터 선천적 사고조절자를
일반 영혼에 비해 10배 이상 부여받게 됩니다.
진리의 영이 발달한 사람들이
태어날 때부터 대학생이라면
일반 영혼들은 유치원 아이에 비유할 수 있습니다.

금수저 영혼들은 대학생의 의식으로
행성에 물질 매트릭스를 설치하게 됩니다.
금수저 영혼들은 대학생의 지식으로
행성에서 과학자나 철학자로 살게 됩니다.
금수저 영혼들은 대학생의 지식으로
행성에서 정치가나 혁명가로 살게 됩니다.

금수저 영혼들은 대학생의 지식으로
유치원생에 해당되는 일반 영혼들을 위해
영혼의 물질 체험을 위한
하늘의 물질 매트릭스인 천라지망을 설치하는 역할이 있습니다.
금수저 영혼들은 진화를 하지 않습니다.
금수저 영혼들은 행성의 물질 매트릭스를 설치하기 위해
특별히 탄생된 영혼 그룹입니다.

대우주를 경영하는 창조주의 입장에서는
자신이 창조한 영혼들의 물질 체험을 위해서는
행성에 연극 무대를 설치하고
행성의 연극 무대를 관리하고
행성의 연극 무대를
보이지 않는 손이 되어
하늘의 일을 대신해줄 전문 일꾼들인
어둠의 정부와 어둠의 일꾼들이 필요했습니다.

어둠의 일꾼들을 창조한 것도 창조주입니다.
어둠의 정부를 운영하는 것도 창조주입니다.
인류의 의식의 눈높이에서
모든 선의 근원도 창조주입니다.
인류의 의식의 눈높이에서
모든 악의 근원도 창조주입니다.

땅에 펼쳐져 있는 모든 것들의 기원은
창조주의 의식입니다.
영혼의 물질 체험을 하는 자신의 자녀들에게
지루하지 말라고
다양하고 복잡한 물질 매트릭스들을
촘촘하게 설치해 주었습니다.

연극이 연극임을 모르게 하기 위해
다양한 조연들이 지구 행성에 초청되었습니다.

재미있고 흥미있고 완성도 높은

한편의 드라마를 완성하기 위해

악역을 담당하는 금수저 영혼들이 초대되었습니다.

착한 사람들을 드러내기 위해선

나쁜 역할을 해줄 사람들이 필요했습니다.

흥부는 놀부와 같이 있을 때 돋보이는 것입니다.

빛의 소중함을 알기 위해서

세상은 어두워야 했으며

세상은 늘 바람 불고 시끄러워야 했습니다.

나쁜 역할을 하기 위해

지구 행성에 초청된 금수저 영혼들이 있었기에

지구 행성은 우주에서 가장 빛나는

자미원이 될 수 있었습니다.

지구 행성의 물질문명을 관리하고 유지하고 운영해줄

육신을 입은 하늘 사람들이

하늘의 입장에서는 꼭 필요했습니다.

현재 인류의 의식의 수준에서

어둠의 일꾼이나 어둠의 정부는 참 나쁜 사람들입니다.

자신이 어둠의 일꾼이라고 알고

어둠의 일을 하는 사람은 3% 정도에 불과합니다.

자신이 어둠의 정부에서 일하고 있다고

알고 있는 사람 역시 2% 정도에 불과합니다.

인류의 의식에서 어둠의 일꾼이나
어둠의 정부라고 알고 있는 사람들은
그 일을 하기 위해 영이 탄생될 때부터
조물이 이루어지는 과정마다 최적화된 인물들입니다.
그들이 아니면 그 역할을 맡을 영혼들이 없습니다.
그들이 아니면 나쁜 역할을 할 사람이 없습니다.

사람들은 좋은 역할을 하기를 원합니다.
금수저 영혼으로 조물되어
세계 곳곳에서 물질 매트릭스라는 연극 무대를 위해
나쁜 역할을 하고 있는 어둠의 일꾼들이 있습니다.

하늘을 대신하여
지구 행성에 물질 매트릭스를 설치하고
지구 행성에 물질 매트릭스를 운영하고
지구 행성의 물질 매트릭스를 관리해온
어둠의 일꾼들에게 우데카 팀장이 고마움과 감사함을 전합니다.

어둠의 일꾼들의 건승을 빕니다.
우주에서 가장 어둠이 짙은 지구 행성에서
악전고투 속에서 빛의 일꾼으로 준비되고 있는
빛의 일꾼들의 건승을 빕니다.

종교 매트릭스가 설치되는 원리

보이는 것만을 믿는 것이 인간의 본성입니다.
눈에 보이지 않는 것을 믿게 하기 위해서는
과학 기술을 통해 검증이 이루어져야 합니다.
눈에 보이지 않는 것을 믿게 하기 위해서는
논리적으로 합당해야 하며
실험을 통해 증명이 가능해야 합니다.

눈에 보이지 않는 것을
눈에 보이는 세계로 전환시켜 주는 것이 과학의 힘입니다.
인류의 과학의 역사는
눈에 보이지 않는 세계 뒤에 존재하는 대우주의 법칙을
인류의 과학기술 수준에 맞추어 밝혀내는 과정입니다.
과학의 발전과 함께
인류의 의식은 확장되어 왔습니다.

눈에 보이는 세계의 정점에 과학이 있습니다.
눈에 보이지 않는 세계의 정점에 종교가 있습니다.
과학이 발전하면 할수록
보이는 세계 뒤에 존재하는 과학의 법칙을 통해
인류의 의식은 확장되어 왔습니다.
과학이 발전하는 것을 물질문명의 발전이라 합니다.

과학이 발전하는 것을 물질 매트릭스를 설치한다고 말합니다.
행성의 과학 기술의 발전 속도를 조절하고
행성의 과학 기술의 수준을 결정하는 것은
행성의 영단 관리자들에 의해 결정됩니다.

행성의 영단에는 과학 기술 문명의 속도와 수준을 결정하는
영단 관리자가 있습니다.
행성의 영단에는 정신문명의 내용과 종교의 콘텐츠를 공급해주는
영단 관리자가 있습니다.
행성이 진화하는데 과학과 종교는 필요합니다.
대우주의 수레바퀴를 움직이는 두 축은
물질문명과 정신문명입니다.
물질문명과 정신문명의 두 수레바퀴에 의해
대우주는 순행하고 있습니다.

행성의 물질문명의 수준은
과학 기술의 수준에 따라 결정됩니다.
행성의 정신문명의 수준은
종교의 의식 수준에 따라 결정됩니다.

행성에 물질문명을 설계하고 펼치는 사람들을
우주에서는 멜기세덱 그룹 또는
어둠의 일꾼들이라고 합니다.
이들 영혼 그룹은 창조주로부터
특별한 선천적 사고조절자를 부여받은 영혼 그룹입니다.

행성에 물질문명을 설치하고 운영하는 이들은
진리의 영이 매우 발달한 영혼 그룹입니다.

행성에 정신문명을 설계하고 펼치는 사람들을
우주에서는 멜기세덱 그룹 또는 어둠의 일꾼이라고 합니다.
행성에 종교 매트릭스를 펼치고
행성에 다양한 문화적 콘텐츠 등을 땅에서 펼치는 이들은
거룩한 영이 매우 발달한 영혼 그룹입니다.

행성의 물질문명과 정신문명을 펼치는데
많은 멜기세덱 그룹의 영혼들이 행성의 영단에 초청됩니다.
행성에 종교 매트릭스를 설치하는 특수한 영혼 그룹들에 의해
행성의 종교 매트릭스는 설치되고 운영됩니다.

행성의 종교 매트릭스는 차원 관리자들과 어둠의 일꾼들에 의해
다음과 같은 원리에 의해 펼쳐지고 있습니다.

첫번째 단계
행성 영단에 자체 배속된 영단 관리자들에 의해
물질문명의 매트릭스가 먼저 펼쳐집니다.

두번째 단계
행성에 펼쳐진 물질문명의 수준에 맞추어
행성의 영단 관리자들에 의해
정신문명의 매트릭스가 펼쳐집니다.

세번째 단계

물질문명이 정신문명보다 높도록 운영됩니다.
물질문명과 정신문명 사이에
너무 큰 격차가 나지 않도록 관리하는 것이
행성 영단 관리자들의 중요한 역할입니다.

네번째 단계

물질문명이 발달할수록 사회는 고도화됩니다.
고도화된 사회에 맞추어 종교 또한 지속적으로
업그레이드되어야 합니다.
종교 매트릭스에 변화를 주고 종교 혁명을 일으키고
신흥 종교를 탄생시키는 역할은
거룩한 영이 발달한 영단 관리자나
거룩한 영이 발달한 어둠의 일꾼들이 그 역할을 수행하게 됩니다.

행성의 물질문명이 고도로 발달할수록
행성에는 고도로 진화한 정신문명과
고도화된 종교 매트릭스들이 함께 존재해야
행성은 안정적으로 진화할 수 있습니다.

행성의 영단에서는
자신의 행성의 문명 수준에 맞는
정신문명과 종교 매트릭스를 설치해 줄 수 있는
멜기세덱 그룹들인 어둠의 일꾼들을
자신의 행성에 초대하여 종교 매트릭스를 설치하게 됩니다.

지구 행성은 우주에서 발생한 카르마를 해소할 수 있는
유일한 행성입니다.
지구 행성의 종교는 우주의 카르마를 해소하기 위해
네바돈 우주의 창조주께서 직접 육화를 통해
종교 매트릭스를 설치하는데 직접 참여하셨습니다.

다섯번째 단계
지구 행성은 창조주에 의해
우주의 카르마를 해소하기 위해 감옥 행성으로 선정되었습니다.
지구 행성의 영단에서는
자신의 우주의 카르마를 해소하기 위해
지구 행성에 들어온 영혼 그룹들의 카르마를 해소하기 위해
다양한 종교 매트릭스들이 설치되어 운영되었습니다.

지구 행성에는 다양한 종교 매트릭스들이 설치되었습니다.
지구 행성의 영단에서
외계 행성에서 온 영혼들의 의식 수준에 맞추어
많아도 너무 많은 종교 매트릭스들을 설치하여 운영하였습니다.

지구 행성 곳곳에
부족 신앙의 이름으로
토속 신앙의 이름으로
민족 종교라는 이름으로
다양한 종교 매트릭스들이
외계 행성에서 온 영혼들에 의해 설치되고 운영되었습니다.

다양한 종교 매트릭스들이
외계 행성에서 온 행성 영단 관리자 영혼들에 의해
설치되고 운영되었습니다.
다양한 종교 매트릭스들이 펼쳐지는 과정을 통하여
외계 행성에서 온 영혼들의
우주적 카르마들을 해소하는 과정이 진행되었습니다.

여섯번째 단계
물질문명의 발전 속도에 맞추어 다양한 종교들이
거룩한 영이 발달한 영혼 그룹들에 의해 펼쳐지게 됩니다.
그 행성에 도입되는 종교의 매트릭스는
그 행성 가이아 의식의 차원을 넘어서는 의식을
도입할 수 없습니다.

금성의 가이아 의식은 13차원입니다.
금성에 설치되는 종교 매트릭스는
13차원 이내의 종교 매트릭스만을 도입할 수 있습니다.

지구 행성의 가이아 의식은 17차원입니다.
지구 행성에는 참 많은 종교들이 존재하고 있습니다.
지구 행성에는 17차원 이하의 차원에서 도입된
종교와 문화들이 많아도 너무 많습니다.
지구 행성은 종교의 백화점이라고 불릴 만큼
많은 종교들이 들어와 활동하고 있습니다.

지구 행성에 펼쳐진 종교 매트릭스 중에
예수님과 석가모니 부처님을 중심으로 펼쳐진 종교들이
보편적인 종교이며 대중화된 종교가 되었습니다.
예수님과 석가모니 부처님은
17차원에 존재하는 우리 은하의 창조주이십니다.
17차원의 가이아 의식으로 운영되는 지구 행성에
17차원의 최고 책임자인 예수님과 부처님을 중심으로 하는
종교 매트릭스가 정점에 있는 것이 우주의 순리입니다.

지구 행성은 2019년 12월 15일을 기점으로
17차원의 행성 가이아 의식에서
18차원의 행성으로의 온전한 전환이 있었습니다.
지구 행성의 하늘의 주인이 바뀌었습니다.
지구 행성은 이제 창조주께서 직접 통치하는
우주에 하나뿐인 자미원이 되었습니다.

지구 행성에 펼쳐졌던
모든 물질문명과 정신문명과 종교 매트릭스들의
붕괴와 철거가 있을 예정입니다.
이것을 우리 조상들은 개벽이라 하였습니다.
이것을 종교에서는 용화세계와
새 하늘과 새 땅이라고 하였습니다.

지구 행성의 새 주인인 창조주에 의해
지구 행성은 신정정치 시대를 맞이하게 될 것입니다.

지구 행성은 18차원의 행성 가이아 의식에 맞추어
새로운 정신문명의 매트릭스들이
아보날의 수여를 통하여 새롭게 펼쳐질 것입니다.

지구 행성은 지축 이동이라는 대격변을 통하여
살아남은 인류들이 안전지대인 역장에서
아보날의 수여를 통하여
창조주께서 주관하는 새로운 정신문명이 펼쳐지게 될 것입니다.

이 우주에서 우연히 존재하는 것은
아무것도 없습니다.

그동안 지구 행성에 종교 매트릭스를 설치하고 운영하는데
함께 해주신 모든 영혼 그룹들에게
고마움과 감사함을 전합니다.

기록의 필요성이 있어
정리의 필요성이 있어
우데카 팀장이 이 글을 기록으로 남깁니다.

천라지망

천라지망은
하늘이 펼쳐놓은 그물을 말합니다.
천라지망은
하늘이 펼쳐놓은 연극 무대를 말합니다.
천라지망은
하늘이 펼쳐놓은 물질 매트릭스를 말합니다.

천라지망은
하늘이 펼쳐놓은 종교 매트릭스를 말합니다.
천라지망은
하늘이 펼쳐놓은 문화 매트릭스를 말합니다.
천라지망은
하늘이 펼쳐놓은 정치의 매트릭스를 말합니다.
천라지망은
하늘이 펼쳐놓은 선과 악의 매트릭스를 말합니다.
천라지망은
하늘이 펼쳐놓은 옳고 그름의 정의의 매트릭스를 말합니다.

천라지망은
하늘이 영혼의 물질 체험을 위해
행성에 펼쳐놓은 물질 매트릭스를 말합니다.

천라지망은
하늘이 영혼의 물질 체험을 위해
행성에 펼쳐놓은 정신과 의식에 대한 매트릭스를 말합니다.
천라지망은
하늘이 영혼의 물질 체험을 위해
행성에 펼쳐놓은 의도된 모순이며
행성에 펼쳐놓은 장애물입니다.

하늘이 펼쳐놓은 그물에
걸리지 않을 자 누구인가?
하늘이 펼쳐놓은 그물을
벗어날 자 누구인가?
누가 하늘이 펼쳐놓은 그물에 걸려 허우적대고 있는가?

하늘이 펼쳐놓은 그물 안에서
그대 무엇을 꿈꾸고 있는가?
하늘이 펼쳐놓은 그물 안에서
그대 아직도 푸른 꿈을 꾸고 있는가?

하늘이 펼쳐놓은 그물에서
그대의 믿음은 지금 무엇을 하고 있는가?

하늘이 펼쳐놓은 그물 안에서
그대의 소망은 지금 무엇을 향하고 있는가?
하늘이 펼쳐놓은 그물 안에서
그대의 사랑은 무엇을 하려 하는가?

하늘이 펼쳐놓은 그물망 속에서
그대는 지금 무엇을 하고 있는가?
하늘이 펼쳐놓은 그물망이 해체되고 있는 지금
당신은 지금 무엇을 하려 하는가?
하늘이 펼쳐놓은 그물망이
새로운 그물망으로 교체되고 있는 지금
당신은 지금 어디에서 무엇을 하고 있는가?

새 하늘과 새 땅을 위해
낡은 그물망이 찢어지고 부서지고 있는데
당신은 지금 어디에서 무엇을 하고 있는가?
새 하늘과 새 땅에 필요한
새로운 그물망이 펼쳐지고 있는데
당신은 아직도 깊은 잠을 자고 있는가?

하늘은 하늘 스스로 정한 길을 가고 있는데
당신은 지금 어디에서 무엇을 하고 있는가?
하늘이 울고 땅이 울고 있는데
당신은 지금 어디에서 무엇을 하고 있는가?

석고 웅성 석고 웅성

개벽을 알리는

하늘과 땅의 슬픈 울음소리가

그대의 가슴속에는 들리지 않는가?

하늘이 땅을 말고 땅을 펼 때

하늘이 펼쳐놓은 그물망을 벗어날 자 누구던가?

하늘이 땅을 말고 땅을 펼 때

하늘 사람 어디 있나

하늘이 땅을 말고 땅을 펼 때

하늘이 펼쳐놓은 그물망에서 누가 벗어날 수 있겠는가?

하늘이 땅을 말고 땅을 펼 때

하늘 사람 어디 있나

하늘이 땅을 말고 땅을 펼 때

하늘이 펼쳐놓은 그물망에서

하늘의 뜻을 얻어 벗어날 자 그 누구던가?

하늘이 땅을 말고 땅을 펼 때

하늘 사람 어디 있나

천라지망 천라지망

하늘 사람 어디 있나

하늘 사람 어디 있나

제5부

차크라로 연결된 사람과 하늘

차크라는 생명입니다.

차크라는 하늘이 생명체에게 주는

생명력의 기원입니다.

새로운 차크라 시스템 속에

하늘의 빛의 공급을 통해

의식은 깨어날 것이며

새로운 정신문명은 시작될 것입니다.

차크라가 열린다는 것이 갖는 의미

차크라는 기의 세계의 차원간 공간에
무형의 기계장치의 형태로 존재합니다.
차크라는 인간의 몸의 순환 시스템인
경락 시스템이 있는 기의 세계에 존재하며
경락 시스템보다 더 깊은 층위에 있습니다.

차크라는 기의 층위에
하늘의 빛을 공급하는 역할을 하고 있습니다.
기의 층위에는 인간의 감정을 구현하는
12개의 감정선이 있습니다.
기의 층위에는 인간의 의식을 구현하는
7개의 의식선이 있습니다.
기의 층위에는 인간의 감정과 의식을 통합하여
마음이라는 의식을 구현할 수 있게 하는
메타 휴머노이드 의식구현 시스템이 있습니다.

메타 휴머노이드 의식구현 시스템은
인간의 마음이 나오는 무형의 시스템이며
심장과 심포 사이의 차원간 공간에서
인간의 마음이 구현되고 있습니다.

차크라가 열린다는 것은

마음에 빛을 공급할 수 있다는 것을 의미합니다.

차크라가 열린다는 것은

인간의 감정이 나오는 감정선에

빛이 공급되는 것을 의미합니다.

차크라가 열린다는 것은

인간의 감정이 발현되는 감정선에

차크라의 빛이 작용하여

부정적인 감정은 정화되고

긍정적인 감정은 증폭된다는 것을 의미합니다.

차크라가 열린다는 것은

인간의 의식이 발현되는 의식선에

차크라의 빛이 공급되는 것을 의미합니다.

차크라가 열린다는 것은

인간의 7개의 의식선에 높은 진동수를 가진

차크라의 빛이 공급이 되면

인간의 의식선이 활발하게 작동되면서

의식이 깨어난다는 것을 의미하며

더 높은 수준의 의식을 구현할 수 있다는 것을 의미합니다.

차크라가 열린다는 것은

차크라의 빛이 의식선에 작용하면서

인간이 더 높은 수준의 창조력을

발휘할 수 있다는 것을 의미합니다.

차크라가 열린다는 것은

기의 층위에 있는 경락 시스템에

차크라의 빛을 공급할 수 있다는 것을 의미합니다.

차크라가 열린다는 것은

차크라가 위치하는 차원간 공간인

임맥과 독맥에 차크라의 빛을 공급할 수 있다는 것을 의미합니다.

차크라가 열린다는 것은

기의 세계에 쌓여 있는 적취들이 정화되고

몸 밖으로 배출된다는 것을 의미합니다.

차크라가 열린다는 것은

기의 세계에 쌓여 있는 사기와 탁기들이 정화되는 것을 의미하며

몸 밖으로 배출된다는 것을 의미합니다.

차크라가 열린다는 것은

기의 세계의 층위에

하늘의 빛이 공급된다는 것을 의미합니다.

차크라가 열린다는 것은

기의 세계의 층위에 있는

무형의 기계장치들이 풀가동됨을 의미합니다.

차크라가 열린다는 것은

기의 세계의 층위에 하늘의 빛이 공급되면서

의식의 깨어남과 함께

의식의 확장이 일어남을 의미합니다.

차크라가 열린다는 것은
차크라의 빛에 의해
기의 세계의 층위가
빛으로 가득 찬다는 것을 의미합니다.
차크라가 열린다는 것은
차크라의 빛이 임맥과 독맥에 공급이 되면
소주천이 열린다는 것을 의미합니다.

차크라가 열린다는 것은
차크라의 빛에 의해
기경팔맥에 빛이 공급된다는 것을 의미합니다.
차크라가 열린다는 것은
경락의 흐름이 좋아지고
경락 시스템이 잘 작동되는 것을 의미합니다.

차크라가 열린다는 것은
차크라의 빛으로 인하여
몸안에 사기와 탁기가 잘 배출되고
몸안에 적취가 쌓이지 않게 되어
생명체의 항상성이 증가되고
생명체의 생명력이 증가되고
생명체의 면역력이 증가된다는 것을 말합니다.

차크라가 열린다는 것은
차크라의 빛에 의해

기의 세계의 충만한 빛이
색의 세계에 있는 생명체의 세포와 조직과 장부에
하늘의 빛을 공급할 수 있다는 것을 의미합니다.

차크라가 열린다는 것은
인간의 몸에 있는 차크라 시스템을 통해
인간의 몸에 최적화된 빛을
차크라를 통해 공급한다는 것을 의미합니다.
차크라가 열린다는 것은
인간의 몸이 받을 수 있는 최고의 빛을
차크라 시스템을 통해
지속적으로 받을 수 있다는 것을 의미합니다.

차크라가 열린다는 것은
하늘이 생명을 가진 인간에게 주는
눈에 보이지 않는 생명수와 같은 역할이 있는
생명의 불꽃을 피울 수 있는 생명력을
몸 안에 있는 차크라 시스템을 통해
빛으로 공급한다는 것을 의미합니다.

차크라가 열린다는 것은
하늘의 빛을 이용하여
차크라의 빛을 이용하여
경락 차크라 치유를 할 수 있다는 것을 의미합니다.

차크라가 열린다는 것은
하늘의 빛으로 질병을 치유할 수 있는
의통이 시작되고 있음을 알리는
하늘의 축복이며
하늘이 주는 선물입니다.

차크라는
인간의 기도와 수행으로 열리지 않습니다.
차크라는
인간의 의지로 결코 열리지 않습니다.

차크라는
하늘에 의해서만
하늘의 뜻과 의지에 의해서만
하늘의 마음을 품고 있는 인자와
남을 위해 꽃 한 송이를 피울 수 있는
하늘 사람에게
하늘이 주는 선물임을 전합니다.

차크라에 대한 정리의 필요성과
기록의 필요성이 있어
우데카 팀장이
이 글을 기록으로 남깁니다.

차크라 가동률과 인간의 생로병사

차크라 가동률의 기준은
심장 차크라를 기준으로 합니다.
하늘의 빛을 이용하여 차크라를 개통할 때
회음 차크라의 발산하는 힘으로
임맥상에 있는 8개의 차크라들이 열리게 됩니다.
회음 차크라의 발산하는 힘에 의해
아래에 있는 차크라부터
맨 위에 있는 백회 차크라가 열리면서
차크라의 개통이 이루어지게 됩니다.

차크라가 일정 부분 열리고 나면
이때부터는 심장 차크라가 모든 차크라의 중심이 됩니다.
차크라 시스템은
서로가 연동되어 작동되도록 설계되어 있습니다.
차크라 시스템은
여러 개의 차크라들이 하모니를 이루며 작동되도록
프로그램되어 있습니다.

차크라가 열리고 나면
차크라가 개통되고 나면
심장 차크라가 모든 차크라의 중심에 있게 됩니다.

심장 차크라의 가동률을
차크라 가동률이라고 하는 이유가 여기에 있습니다.

차크라는 인간이 태어나는 순간
차크라 가동률이 가장 높다가 서서히 닫히게 됩니다.
차크라 가동률은
인간의 생로병사와 관련되어 있습니다.

나이에 따른 차크라 가동률은 다음과 같습니다.

1. 영아기

처음 태어날 때 차크라 가동률은 44~46%로
매우 높은 편입니다.
그 이유는 한 생명체가 세상에 태어나
하나의 생명체로 안착이 될 때까지는
하늘의 보호를 받는 것이
우주의 섭리입니다.

차크라의 빛을 이용하여
생명체에 차크라의 빛을 지속적으로 공급하여
면역력을 높이고 생존력을 높이기 위해
차크라 가동률이 제일 높습니다.
하늘의 보호와 하늘의 가호가
차크라의 빛을 통해 이루어지고 있습니다.

2. 유아기

2~6세까지는 22~26% 정도로 유지됩니다.

이런 이유로 어린 아이들이

하루 종일 활발하게 뛰어노는 힘이 나올 수 있는 것입니다.

어린 아이들이 생기있고 생명력이 넘치는 이유가

차크라 가동률이 비교적 높기 때문입니다.

3. 청소년기

차크라 가동률이 16~20% 정도 됩니다.

하루 종일 움직이고

하루 종일 고된 일을 해도

자고 나면 피로가 풀리는 시기입니다.

떨어지는 낙엽만 봐도 웃음이 떠나지 않는 시기이며

생명력과 활력이 넘치는 시기입니다.

4. 성인(중장년기)

잠을 자고 나도 피로가 풀리지 않는 시기입니다.

일반인들은 나이가 중년층이 되면

차크라 가동률이 11% 수준으로 떨어지게 됩니다.

노화가 본격화되며

잠을 자고 나도 쉽게 피로가 회복되지 않게 됩니다.

물질문명의 정점에 있는 현대인들은

물질문명에 취해 있는 현대인들은

차크라 가동률이 7%까지 떨어져 있습니다.

차크라 가동률이 떨어지면 떨어질수록
무기력증과 만성 피로감으로 나타나게 됩니다.
성욕의 감소와 함께
의식이 깨어나지 못하는 중요한 원인이 여기에 있습니다.

인간의 차크라는 멈추지 않고 돌면서
인간의 몸에 차크라의 빛을 공급해 주고 있습니다.
차크라가 완전히 닫힌 사람은 없으며
아주 미약하게라도 차크라는 돌고 있습니다.

나이가 들어가면서
차크라 가동률은 점점 줄어들게 되며
생명력은 점점 줄어들게 됩니다.
성인이 되었을 때
차크라는 10% 미만에서 가동되기 때문에
대부분의 사람들은
차크라가 열렸는지 닫혔는지조차 모르고 지내게 됩니다.

5. 노인(노년기)
나이가 들면서 차크라 가동률은 급격하게 떨어지게 됩니다.
차크라가 완전히 닫히게 되면
인간은 하늘의 빛을 더 이상 공급받지 못해
죽음을 맞이하게 됩니다.

노인분들의 차크라는 5% 정도 가동이 됩니다.

차크라 가동률이 너무 낮기 때문에
빛을 몸 구석구석까지 공급해 주지 못하게 됩니다.
빛을 공급받지 못하면
인간의 몸은 생명력을 점점 잃게 됩니다.

차크라 가동률이 3% 미만이 되기 시작하면
생을 마감하는 절차로 들어가게 되는 것이
차크라에 숨겨진 우주의 진리입니다.

차크라는 생명입니다.
차크라는 하늘이 생명체에게 주는 선물입니다.
차크라는 하늘이 생명체에게 줄 수 있는
생명력의 기원이 됩니다.
인간은 하늘의 빛 없이는
생명력을 유지할 수 없습니다.
이것이 차크라가 생명인 이유입니다.

차크라에 숨어있는 대우주의 진리를
우데카 팀장이
정리의 필요성이 있어
기록의 필요성이 있어
이 글을 기록으로 남깁니다.

차크라 가동률과 진동수의 관계

차크라의 가동률에 따라
몸에 나타나는 증상은 다음과 같습니다.

◆ **차크라 가동률 10~11%**

성인들은 평균적으로 10% 정도로 차크라가 가동되고 있습니다.

차크라 가동률이 6% 이하로 내려가 지속되면
세포가 빛을 공급받지 못해
세포에 돌연변이나 암이 쉽게 발병할 수 있는
인체 내 환경이 조성되기 쉽습니다.

보이지 않는 세계에서 인간의 몸에
암을 발생시키는 다양한 방법이 있는데
차크라 가동률은 그대로 두고
암이 발생할 특정 부위에 차크라의 빛이 도달하지 못하도록
경락 차단이나 경락 봉인을 통해
암세포가 잘 자랄 수 있는 환경을 만드는 방법이
가장 보편적인 방법입니다.

◆ **차크라 가동률 3% 미만**

죽음의 과정에 놓이게 됩니다.

◈ 차크라 가동률 14~16%

면역력이 좋아지는 첫 변곡점이 됩니다.

몸이 가벼워짐을 느끼게 되며

몸이 좋아진다는 변화를 느끼는 첫 단계입니다.

◈ 차크라 가동률 22%

차크라 가동률이 22%가 되면

마음에 긍정의 마음이 가득하게 됩니다.

세상이 모두 긍정적으로 보이고

세상이 모두 아름답게 보이게 됩니다.

삶이 즐겁게 느껴지며

몸에 에너지가 생겨남을

힘이 생겨남을 느끼게 됩니다.

차크라가 감정에 영향을 주는 것을 경험하게 됩니다.

◈ 차크라 가동률 28%

머리가 맑아짐을 느끼게 되며

아이디어가 솟아나기 시작하는 단계입니다.

중장년의 직장인이 차크라 가동률이 28% 이상 올라가게 되면

젊은 시절 머리가 잘 돌아가던

그 시절로 돌아간 느낌을 받게 됩니다.

◈ 차크라 가동률 32%

인간의 몸에 있는

무형의 기계장치를 가동시킬 수 있는 최소한의 단계입니다.

영적인 능력을 나타낼 수 있는 첫 단계이며
제대로된 영적 능력을 쓰기 위해서는
최소 이 정도는 가동되어야 합니다.

차크라 가동률이 32%가 될 때
차크라의 빛이 몸 내부 사방으로 퍼져
몸 안에 있는 무형의 기계장치에 빛을 공급해 줄 수 있는
최소한의 조건이 충족되는 가동률입니다.

◆ 차크라 가동률 42%
가슴이 서서히 설레며 흥분을 느끼게 됩니다.
기분 좋은 설레임이 지속되며
가슴이 두근두근거림을 느낄 수 있습니다.
몸의 통증도 사라지게 되는 시기이며
두려움도 살짝 사라지게 되는 단계입니다.

◆ 차크라 가동률 46%
차크라가 46%가 가동되기 시작하면
설레임이 용기로 바뀌기 시작하고
두려움이 사라지게 됩니다.
차크라 가동률이 46%가 꾸준히 가동되면
몸의 질병의 원인을 사라지게 할 수 있는 단계입니다.
또한 바이러스 난을 견딜 수 있는 단계이며
빛의 몸이 되는 초기 단계입니다.

차크라 가동률이 46%가 되면
빛의 공급량이 바이러스나 병원균들이
우리 몸에 자리잡을 수 없는 환경을 만들게 됩니다.
하늘이 인류의 물질문명을 종결하기 위해
바이러스나 괴질을 일으킬 때
살아남을 수 있는 유일한 방법은
기도와 수행이 아니며
항생제와 항바이러스의 약이 아니라
차크라 가동률이 반드시 46% 이상이 되어야
하늘이 내리는 천살을 피할 수 있습니다.

◈ 차크라 가동률 56%
차크라 가동에 따른 빛으로
자신의 우주적 신분에 맞는
영적인 능력을 펼칠 수 있게 됩니다.

차크라 가동률이 56%는 되어야
우주의 차원의 문과 차원의 벽을 넘어
자신의 우주적 신분에 따른
우주적 정보를 열람할 수 있게 됩니다.
우주의 정보를 해석하고 인지하려면
차크라 가동률이 이 정도는 가동이 되어야 합니다.

◈ 차크라 가동률 76%
인간이 견뎌낼 수 있는 최대 가동률입니다.

이 이상 차크라가 가동이 되면 몸이 견디기 어렵게 됩니다.
일반인들은 차크라 가동률이 76%가 될 때
몸에 무리가 오게 됩니다.

차크라를 통해 들어온 빛과
세포가 받아들일 수 있는 빛과의 진동수가 달라지는 임계점이
차크라 가동률 76%가 갖는 의미입니다.

무극이나 태극의 세계에서
특수한 목적을 가지고 땅으로 내려온
우주적 신분이 높은 사람들과
물질계를 졸업한 14차원의 아보날 그룹의 빛의 일꾼들은
차크라 가동률이 84%까지 가동될 수 있으며
그만큼 영적인 능력을 크게 쓸 수 있게 됩니다.

차크라는 생명입니다.
차크라는 마법의 지팡이입니다.
차크라는 영적 능력의 출발점입니다.
차크라는 차원의 문을 열 수 있는 마스터키입니다.
차크라는 차원의 벽을 부수고
우주의 정보 네트워크에 접근할 수 있는 마스터키입니다.

차크라에 대한 정리의 필요성이 있어
차크라에 대한 기록의 필요성이 있어
우데카 팀장이 이 글을 기록으로 남깁니다.

차크라 가동률과 영적 능력의 발현

차크라는 인간이 탄생하는 순간
차크라의 가동률이 가장 높습니다.
면역력이 취약한 신생아들의 생존률을 높이기 위해
차크라의 가동률은 신생아 때에 가장 높습니다.
아이들이 생기가 넘치고
아이들이 하루종일 뛰어놀고도 지치지 않는 이유가
차크라가 열려서 잘 작동되기 때문입니다.

차크라 가동률은 아이 때 가장 높다가
아이들이 자라고 나이가 들면서
차크라는 점차로 닫히게 되어
차크라의 가동률이 줄어들게 됩니다.
차크라가 열리고 닫히는 과정이
인간의 생로병사와도 일치합니다.

차크라 가동률이 떨어지는 과정이
인간이 노화되는 과정이며
생명력이 줄어드는 과정입니다.
차크라가 완전히 닫혀 있는 사람은 없습니다.
차크라가 완전히 닫히면 사람은 죽음을 맞이하게 됩니다.

차크라는 우리 몸에
빛을 공급하는 역할을 하고 있습니다.
차크라는 경락 시스템이 위치하는
기의 세계의 층위에 존재하고 있습니다.
백회를 통해 들어온 자오유주도의 빛은
차크라 시스템을 통하여
인간의 몸에 빛을 공급하게 됩니다.

차크라의 가동률은 나이에 따라 다릅니다.
차크라의 가동률은 심장 차크라를 기준으로 이루어집니다.

차크라 가동률이 높아질 때
몸에 나타나는 증상은 다음과 같습니다.

첫번째
사기와 탁기의 배출이 잘 이루어집니다.
차크라 가동률이 높아지면 몸이 가벼워지고
몸에 신경통같은 통증 등이 사라지게 됩니다.

두번째
의식의 각성에 영향을 미칩니다.
차크라 가동률이 높아지면
차크라의 빛이 의식선이 위치하는 기의 층위에 있는
독맥 라인을 활성화시킬 수 있게 되어
인간의 의식을 깨우는데 도움을 받을 수 있습니다.

세번째

인간의 임맥에 위치하고 있는 12개의 감정선에

차크라의 빛이 영향을 미치게 됩니다.

부정적인 감정들이 정화되고

긍정적인 감정들이 나타나게 됩니다.

네번째

차크라의 가동률이 높아져야

인간의 몸 안에 있는

작동하지 않던 무형의 기계장치를 가동시킬 수 있게 됩니다.

차크라가 가동되면서

내 안에 있는 무형의 기계장치들을

추가로 가동시킬 수 있습니다.

차크라의 개통 없이는

내 안의 무형의 기계장치를 추가로 개통시킬 수가 없기 때문에

차크라의 가동률은

그 사람의 영적 능력을 결정하는 중요한 요소가 됩니다.

하늘이 들려주는 소리를 듣고

하늘이 보여주는 형상을 보기 위해서는

그것을 수신할 수 있는 무형의 기계장치가

먼저 설치되어야 합니다.

그 다음은 무형의 기계장치를 작동시킬 수 있는 빛이 필요한데

그 빛의 공급처가 차크라의 가동과 함께

차크라의 빛이 그 역할을 하게 됩니다.

영적인 능력이 발현되기 위해서는
차크라의 가동률이 높아져야 합니다.
차크라를 열어야 하는 이유가 여기에 있습니다.
영적 능력을 제대로 발휘하기 위해서는
반드시 차크라가 일정 부분 이상 가동되어야 합니다.

다섯번째
몸의 진동수를 높이기 위해서는
반드시 차크라 가동률이 높아져야 합니다.
몸의 진동수를 높이는 과정은
우리 몸에 설치된 무형의 기계장치들이
높은 진동수를 가진 빛에 적응하는 과정을 말합니다.

몸의 진동수를 높이기 위해서
외부로부터 인간의 몸에 들어오는 우주의 빛은
우리 몸이 그대로 사용할 수 없습니다.
외부로부터 백회를 통해 들어온 빛은
인간 내부에 있는 차크라 시스템을 거쳐
안전하게 전환이 된 후 사용됩니다.

우리 몸에 설치된 무형의 기계장치에
우주로부터 들어온 빛이 직접적으로 작용하게 되면
인간의 몸은 얼마 견디지 못하고 죽음을 맞이하게 됩니다.
차크라의 가동률이 높을수록
몸의 진동수는 높아지게 됩니다.

여섯번째

차크라 가동률이 높아지면
차크라에서 나오는 빛이
경락 시스템을 통해 온몸에 빛을 공급해 줍니다.
차크라 가동률이 높아지면
세포 하나 하나가 빛으로 가득차면서
몸의 진동수는 올라가게 되며
몸은 빛의 몸이 됩니다.

차크라 가동률이 높아지면
인체의 면역력이 높아지게 되며
세포의 노화가 늦추어지게 되며
세포에 생기가 넘쳐
생명체의 생명력이 증가하게 됩니다.

차크라에 대한 정리의 필요성이 있어
우데카 팀장이
이 글을 기록으로 남깁니다.

차크라가 생명인 이유 ❹
정신문명과 차크라 시스템 변경

지축의 정립은
선천의 시대의 물질문명이 종결됨을 의미합니다.
지축의 정립은
후천의 시대의 새로운 정신문명이 시작됨을 의미합니다.

지축의 정립은
지구 행성의 차원상승을 의미합니다.
지축의 정립은
지구 행성에서 지상의 자미원이 시작됨을 의미합니다.

지축의 정립 후
새 하늘과 새 땅에서 새로운 정신문명을 열기 위해
살아남은 인류에게
하늘에서 준비하고 있는 3가지 선물이 있는데
다음과 같습니다.

첫번째
지금의 지구 환경과는 다른
새로운 지구로 탈바꿈할 예정입니다.
지구 행성은 지축이 이동되는 시기에
대규모의 대륙의 융기와 침몰이 준비되어 있습니다.

지구 행성의 모든 것이 달라지게 될 것입니다.
지구 행성의 환경이 약 70%가 달라질 것입니다.
식물과 동물들의 대부분이
다른 식물과 동물들로 교체될 예정입니다.
기후는 4계절에서 봄과 가을로 바뀔 것이며
중력의 세기와 자기장의 세기도 달라질 것이며
산소 농도가 달라질 것입니다.
지구 행성에 들어오는 태양의 빛과
하늘의 빛도 달라지게 될 것입니다.

두번째
달라진 지구 환경에 인간의 몸이 적응하기 위해
재난에서 살아남은 인류들은
생명회로도의 새로운 업그레이드가 이루어질 예정입니다.
하늘의 천사들에 의해
새 하늘과 새 땅에서 살아갈 인류들이
새로운 환경에 적응할 수 있도록
인간의 생체 기능들이 전면적으로 개선될 예정입니다.

세번째
하늘과 인간과의 소통을 강화하기 위해
새로운 차크라 시스템이 도입되어 가동될 예정입니다.
영성의 시대를 열기 위해
차크라 시스템이 확장되어 가동될 예정입니다.

지축의 정립 후
새롭게 가동될 차크라 시스템은 다음과 같습니다.

1. 차크라 시스템의 교체

지금보다 30% 정도 향상된
차크라 시스템으로 교체하게 될 것입니다.
갑상선 차크라와 심장 차크라와 회음 차크라의 성능이
제일 크게 향상될 것입니다.
다른 차크라들도 지금보다는
약 20% 정도 가동률이 향상될 것입니다.

갑상선 차크라와 심장 차크라와 회음 차크라의
무형의 기계장치의 엔진 자체가 바뀌게 됨을 의미합니다.
이렇게 되면 기존보다 좀 더 섬세한 빛을 받아들이고
사용할 수 있게 될 것입니다.

단전의 기계장치는 크게 확장되지 않을 것입니다.
미래에는 축기의 방식을 사용하지 않을 것입니다.
축기를 사용하지 않는다는 것은
음식물의 비중이 적어지고
차크라의 빛을 통한 에너지 공급을 통해
인류가 살아가게 된다는 것입니다.

2. 차크라 시스템 운영 방식의 변경

지금은 심장 차크라를 중심으로 운영되었으나

미래에는 갑상선 차크라와 회음 차크라가 활성화되어
3개의 센터 체계로 운영될 것입니다.

정신문명을 열기 위해서는
인류의 의식이 활성화되어야 합니다.
인류의 의식을 활성화하기 위한 방식으로
갑상선 차크라의 비중이 확대될 예정입니다.
갑상선 차크라가 활성화되면
머리로 공급해 주는 빛이 많아지면서
기존과는 다른 두뇌 시스템으로 바뀔 것이며
높은 의식을 구현하게 될 것입니다.

미래에는 신장(腎臟)의 역할이 지금보다 커지면서
인류는 키가 2m 정도로 커지게 될 것입니다.
신장에 더 많은 에너지와 빛이 필요하게 됩니다.
심장 차크라에서 공급하는 빛만으로는
새롭게 바뀔 인체에는 맞지 않게 됩니다.
신장에 더 많은 빛을 공급하고
임맥과 독맥에 있는 감정선과 의식선에
더 많은 빛을 공급하기 위해
회음 차크라가 또 하나의 중심 센터 역할을 하게 될 것입니다.

심장 차크라를 중심으로
갑상선 차크라와 회음 차크라와의 긴밀한 네트워크 연결 속에서
새로운 차크라 시스템이 운영될 예정입니다.

새롭게 인류에게 도입될 차크라 시스템의 운영방식을 보면
다음과 같습니다.
백회를 통해 심장으로 도착한 우주의 빛은
심장 차크라를 통하여
우리 몸이 사용할 수 있는 빛으로 전환하여
초고속으로 갑상선 차크라와 회음 차크라로 전달되게 됩니다.

갑상선 차크라는 심장 차크라에서 받은 차크라의 빛을
더 미세하고 고운 빛으로 재가공한 후 증폭하여
뇌에 빛을 공급하게 될 것입니다.
회음 차크라는 심장 차크라에서 받은 차크라의 빛을
재가공한 후 증폭하여
경락 시스템을 통하여 빛을 몸 구석구석으로 공급하게 될 것입니다.

현재의 차크라 시스템은
심장 차크라에서 나온 빛을 전신으로 공급하는 시스템이라고 한다면
미래의 차크라 시스템은
심장은 자신의 우주적 신분을 발산하는 역할을 하게 되며
회음 차크라가 전신으로 빛을 공급하는
공급자의 역할을 하게 될 것입니다.

미래에는 자신의 우주적 신분을
가슴에서 발산되는 차크라의 빛을 통해
누구나 쉽게 알 수 있게 될 것입니다.

정신문명은 구호로 이루어지지 않습니다.
정신문명을 열기 위해서는
정신문명을 열 수 있는
보이지 않는 세계에서의 지원과 조건이
미리 준비되어야 합니다.

지축의 정립 이후에
새 하늘과 새 땅에서
새로운 정신문명을 열기 위한
하늘의 준비가 이루어지고 있음을
하늘과의 소통속에
하늘과의 조율속에
우데카 팀장이 전합니다.

인류의 건승을 빕니다.

미래 인류와 차크라

지축의 정립 과정에서
대륙의 융기와 침몰과 함께
지구 행성의 물질문명은 종결이 될 것입니다.
지축의 정립 과정에서
살아남은 인류들은
살아남은 자들의 슬픔을 온몸으로 겪으면서
하늘이 준비한 안전지대에서 살아남아
새로운 물질문명과 정신문명을 열게 될 것입니다.

새 술은 새 부대에 담아야 합니다.
새롭게 변화된 지구 환경에 맞도록
살아남은 인류들에게
생명회로도의 업그레이드와
새로운 차크라 시스템이
하늘에 의해 도입되어 가동을 시작할 것입니다.

새롭게 도입되는 차크라 시스템은
심장 차크라를 중심으로
갑상선 차크라 시스템과
회음 차크라 시스템이 중심 센터 역할을 하게 될 것입니다.

새롭게 도입되는 차크라 시스템을 통해
갑상선 차크라가 활성화될 것입니다.
갑상선 차크라가 활성화되면
뇌에 공급되는 빛의 양과 빛의 질이 높아지면서
인류의 의식은 급속도로 깨어나게 될 것이며
높은 의식을 구현할 수 있게 될 것입니다.

새롭게 도입되는 회음 차크라 시스템을 통해
회음 차크라가 활성화되면
신장의 축정 기능이 활성화되면서
정(精) 부족 현상이 사라지게 될 것이며
노화의 속도가 느려지게 될 것이며
평균 수명도 늘어나
인류들은 머지않아 천 년을 넘어
3천 년의 삶을 살게 될 것입니다.

회음 차크라의 가동률이 높아지면 높아질수록
호모 사피엔스가 창조될 때의 평균 수명인
3천 년 이상을 살게 될 예정입니다.
회음 차크라의 가동률이 높아질수록
임맥과 독맥이 열리면서
소주천이 자연스럽게 열리게 되면서
자신의 우주적 신분에 맞는
영적 능력을 구현할 수 있게 될 것입니다.

회음 차크라의 가동률이 높아질수록
기경팔맥이 열리면서
자연스럽게 대주천이 열리게 될 것입니다.
대주천이 열리면서 본영과의 합일이 이루어지게 될 것이며
양신(陽神)의 몸이 될 것입니다.

미래는 정신문명의 시대입니다.
미래는 영성의 시대가 될 것입니다.
미래는 차크라의 시대가 될 것입니다.
미래는 본영과의 합일을 통해
본영과 아바타가 함께 물질 체험을 하게 되는
만인성불의 시대가 될 것입니다.

이 모든 것을 가능하게 하기 위해서는
새로운 차크라 시스템의 도입과 변경이 반드시 필요한 것입니다.

새로운 차크라 시스템이 도입되고 나면
인간의 몸은 한 단계 업그레이드될 것입니다.
새로운 차크라 시스템이 도입되고 나면
인간의 몸은 12경락 시스템에서
15경락 시스템으로 변경되어 가동될 것입니다.

호모 사피엔스인 인간이
창조주에 의해 창조될 때
처음부터 15경락 시스템으로 창조되었습니다.

지구 행성의 환경이 15경락 시스템을 가동하기엔 무리가 있어서
12경락 시스템을 이용하여
영혼의 물질 체험이 이루어졌습니다.

지축의 정립과 함께
지구 행성에 새롭게 조성되는 지구 환경에 맞추어
생명회로도의 업그레이드와
새로운 차크라 시스템의 도입과
새로운 15경락 시스템의 도입이 동시에 이루어질 예정입니다.

미래에 새롭게 도입될 차크라 시스템의 특징은 다음과 같습니다.

<미래 차크라 시스템의 특징>

첫번째 : 새로운 차크라 장치의 도입
차크라는 우주의 빛을 인간의 몸이 사용할 수 있는 빛으로
전환하는 기능이 있습니다.
새롭게 도입되는 차크라 장치로 인하여
기존의 차크라 빛보다도 약 100배 정도
섬세하고 정미로운 빛을 인체에 공급할 수 있게 됩니다.

새롭게 도입되는 차크라의 장치로 인하여
지금보다 섬세한 빛을 우리 몸이 받을 수 있게 됩니다.
섬세하고 정미로운 빛의 공급으로 인하여
인체 내에서 빛의 효율이 좋아지게 됩니다.

섬세하고 정미로운 빛의 공급으로 인하여
적취의 발생이 급격하게 줄어들게 되어
질병의 발병률과 통증의 발생 또한
급격하게 줄어들게 될 것입니다.

두번째 : 차크라 장치의 성능의 향상
차크라를 회전시키는 엔진의 힘이 강해져
차크라 가동률이 향상되게 됩니다.
차크라의 회전하는 힘의 크기가 강해지고
시간당 빛을 생산하고 공급할 수 있는 빛의 양도
증가하게 됩니다.
그리고 차크라의 모터의 성능이 향상되었기에
우리 몸에 빛을 장기간 안정적으로 공급할 수 있게 됩니다.

새로운 차크라 시스템으로 인하여
인류는 정신문명을 열 수 있는 신체적 조건을 만들 수 있습니다.

새로운 차크라 시스템으로 인하여
인류는 의식선과 감정선에
더 많은 빛을 안정적으로 공급할 수 있기에
고도의 정신문명을 열 수 있는 물질적 토대가 형성되는 것입니다.

새로운 차크라 시스템으로 인하여
인류는 불로장생을 할 수 있는
인간의 꿈을 실현할 수 있게 됩니다.

새로운 차크라 시스템으로 인하여
인류는 수명을 자신이 결정하게 될 것입니다.
인류가 미래에 장수를 하게 된다는 것도
차크라 시스템의 가동률이
지금보다 높게 꾸준히 이어지게 되기 때문입니다.
미래의 차크라 가동률은
지금의 시스템 기준으로 보면
평균 53% 정도로 가동이 될 것입니다.

미래는 차크라의 시대가 될 것입니다.
새로운 정신문명을 열기 위한
하늘의 준비가 이루어지고 있음을 전합니다.

기록의 필요성이 있어
하늘과의 조율속에
하늘과의 소통속에
우데카 팀장이
이 글을 기록으로 남깁니다.

차크라의 시대를 맞이할
인류의 건승을 빕니다.

가슴 차크라가 열렸을 때
나타나는 증상

가슴 차크라가 열리게 되면
그냥 하염없이 눈물이 납니다.
이유없이 까닭없이 한두 시간씩
너무 기뻐서 그냥 눈물이 납니다.

이때 이 시기에는
마음을 다치지 않게 하고
홀로 많이 참회하고 울어야 하는 시기입니다.
홀로 고요함속에 머물면서
감사함속에서 내면의 자신과 만나며
울고 또 울어야 합니다.
영혼이 기뻐서 흘리는 눈물입니다.

매일 매일 매 순간마다
자연 오르가즘을 체험하게 되고
그 과정에서 모든 세포들이
사랑의 빛에 반응하여
세포 하나 하나가 빛으로 충만해집니다.
몸으로는 강한 성욕과 더불어
자연 오르가즘을 체험하는 분도 계십니다.

주위가 황금색과 황금빛으로 가득 차고
차크라가 열릴 때 본 빛은
평생 잊지 못할 충격으로 남는 경우가 대부분입니다.

그 과정이 너무 황홀하여
자연 오르가즘을 일주일 이상 느끼는 분도 계십니다.
지고지선의 쾌락과 만족을 느끼게 되고
그 순간은 평생 잊지 못하는 경험이 됩니다.

가슴 차크라가 열릴 때
간혹 정령을 보시고 대화하는 분들이 있으며
동물과 식물하고도 일시적으로 대화가 되는
신비체험을 하시게 되는 분들도 계십니다.

주의할 사항으로는 일주일에서 보름 정도는
사람이 많은 곳에 가거나
사람을 많이 만나지 마시고
홀로 지내며 명상과 참회를 하며
감사와 고마움을 자신에게 보내주십시오.

세상의 모든 것에
연민의 마음과 감사의 마음이 자리잡는 시기입니다.
마음에 남아 있는 모든 부정적인 에너지와
낡은 에너지들을 놓아주고 풀어주고
용서하고 화해하고 잘 보내 주십시오.

인생에 한번 있을까 말까 한 경험이니까요.
아무에게나 오는 것도 아닌
하늘의 시절인연이 있어야 되는 것입니다.
가슴 차크라가 열릴 때
음악을 들으면 모든 증상이 더 강화됩니다.

자연스럽게 열린 차크라는
이렇게 강렬하고
평생 잊지 못할 가장 강한 기쁨과 희열이지만
자연스럽게 일주일이나 보름 정도 지나면 닫힌다는 것이지요.
닫히고 나면 이 증상들은 더 이상 나타나지 않고
일상의 나로 예전의 나로 돌아가게 됩니다.

이 순간이 수련이나 명상 중에 오시는 분들이 간혹 있습니다.
자연상태에서 열리는 차크라는
오래 가지 못하는 일시적인 하늘의 선물입니다.
신비 체험이나 황홀감으로 끝나는 경우도 많습니다.

강렬한 느낌을 동반한 차크라 열림은
열린 차크라의 빛이 외부로 향하면서 느끼는 것입니다.
가슴 차크라가 위치해 있는 곳이
심장보다 뒷편에 있는데
열린 차크라에서 발산하는 빛이
심장을 자극하면서 오는 강렬한 느낌을 동반한
하늘의 선물입니다.

대부분의 경우
가슴 차크라가 열린 경우에
가슴 차크라의 빛은 심장 방향이 아닌
내부로 향하는 경우가 대부분입니다.
가슴 차크라를 통해
인간의 감정선과 의식선에 차크라의 빛을 통해
의식을 깨우기 위해
차크라를 여는 것입니다.

가슴 차크라가 열렸을 때
다음과 같은 증상이 나타납니다.

가슴 차크라가 열릴 때
가슴이 약간 뻐근하면서
기분 좋은 통증이 시작됩니다.
그리고 곧바로 기대와 설레임이 뒤따릅니다.

가슴 차크라가 서서히 열리기 시작하면
거의 동시에 회음 차크라도 서서히 열리면서
하단전에 힘이 들어가고
에너지가 꽉 차고 있다는 느낌이 듭니다.

마음속의 응어리들이 봄눈 녹듯이 녹거나
큰 바위가 모래알이 되어 흩어져 버리듯 없어지거나
연기가 바람에 흩어지듯 가슴이 시원해집니다.

지나간 것들에 대해 미안함이 들고
원수가 눈앞에 있어도 입을 맞출 수 있을 것 같은 느낌이 듭니다.

내가 존재한다는 그 하나만으로도 감사한 마음이 듭니다.

지금까지 두렵게만 느껴졌던 세상살이에 자신감이 생기고
내가 처한 현실 그 자체에 감사함이 생깁니다.

오랜 세월 동굴감옥에 갇혀 있다가
세상 밖으로 나온 사람처럼
강렬한 빛을 느낌과 동시에
눈앞에 펼쳐진 세상이 새롭게 보입니다.
신이 나를 위해
모든 것을 일순간에 새롭게 셋팅한 것 같은 느낌을 받습니다.

가슴 차크라의 힘으로
백회에서 빛을 당기는 힘이 강해지기 때문에
정말 눈이 맑아지고
심포로 들어온 빛으로 인해
의식의 전환과 각성이 일어납니다.

가슴 차크라가 활성화되면서
손끝과 발끝까지 빠른 속도로 빛이 전달됩니다.
꽃이 피어나는 것 같은
씨앗이 '톡' 터지는 느낌을 받을 수 있습니다.

가슴 차크라가 돌 때 사람마다 다르지만
몸의 순환 시스템의 활성화가
최소 1.5배 이상은 향상됩니다.
건강한 사람들은 2배 이상이 되기도 합니다.

사람마다 가슴 차크라가 열렸을 때
느끼는 증상이 다른 이유는 다음과 같습니다.

첫번째
열린 가슴 차크라의 방향이
심장쪽을 향하는 비율에 따라 느끼는 증상이 다릅니다.

두번째
차크라를 여는 목적에 따라 다릅니다.
차크라는 강렬한 신비 체험을 느끼게 하기 위해 여는 것이 아니라
의식을 깨우기 위해 열기 때문에
대부분의 사람은 증상을 약하게 느낄 수 있습니다.

세번째
가슴 차크라가 열리는 비율이 다르기 때문입니다.
차크라가 열리는 강도가 다르기 때문에
느끼는 강도 역시 다르게 느낍니다.
가슴 차크라가 발산할 수 있는 빛의 최대치가 100이라 하면
사람에 따라 30%에서 70% 강도에서 열리기 때문입니다.

네번째

가슴 차크라는 모든 차크라의 우두머리입니다.

가슴 차크라의 빛은 발산을 하는 특성이 있습니다.

가슴 차크라와 회음 차크라는

발산과 수렴의 특성이 있는 차크라입니다.

가슴 차크라의 강도만큼 회음 차크라가 열리게 됩니다.

가슴 차크라가 열리면

평소보다 강한 성욕을 느끼게 되는 이유가 여기에 있습니다.

다섯번째

가슴 차크라가 열리고 나면

처음에는 강렬한 느낌을 받다가 차츰 그 강도가 줄어들게 됩니다.

차크라의 강도를 조절하는 것이며

차크라의 방향 역시 내부의 감정선이나 의식선으로 향하게 되면서

잘 느끼지 못하는 경우가 대부분입니다.

여섯번째

하늘에 의해 한번 열린 차크라는 완전히 닫히는 경우는 없습니다.

차크라의 강도를 조절하면서

본영에 의해 꼭 필요할 때는 다시 활성화됩니다.

하늘에 의해 차크라의 활성화가 필요할 때는 다시 활성화가 됩니다.

정리의 필요성이 있어

기록의 필요성이 있어 이 글을 남깁니다.

제6부

영성의 시대를 열기 위해

물질의 시대는 물질의 소유욕과
성욕으로 유지되는 시대입니다.
물질의 시대는 정신활동이 축소되고
욕심과 욕망이 극대화되는 시대입니다.
영성의 시대는 생명간의 소통속에
모두가 연결되어 있음을 아는 시대입니다.
영성의 시대는 연민의 에너지를 통해
사랑과 자비가 꽃을 피우는 시대입니다.

심포의 시대에서 삼포의 시대로

포의 훈증과 정신작용

마음의 작용이 일어나는 곳은 심포(心包)입니다.
마음의 작용이란
감정과 의식의 작용이 일어나는 곳입니다.

마음의 작용이란
인간의 12개의 감정선에서 나오는 감정의 에너지와
7개의 의식선에서 나오는 의식이 통합되어
느낌의 형태로
직관의 형태로
생각의 형태로 나타나는 것을 말합니다.

인간의 몸에는 마음의 작용이 일어나는 무형의 시스템이 있습니다.
이것을 메타 휴머노이드 의식구현 시스템이라 합니다.

인간의 정신작용이 일어나는 곳은 심포입니다.
인간의 마음의 작용이 일어나는 곳은 심포입니다.
심포를 우리 조상들은 마음 보따리라고 하였습니다.
마음 보따리에서 마음이라는 정신작용이 일어납니다.
마음 보따리를 심포라 하며
심포는 심장을 둘러싸고 있는 막입니다.
이것을 동양의학에서는 심포라고 하였습니다.

심포에서는 마음의 작용뿐 아니라
심포의 훈증(燻蒸) 작용이라고 해서
다음과 같은 것을 생성한다고 알려져 있습니다.

심포의 훈증 작용을 통해
1차 생성물인 혈액이 생성됩니다.

혈액이 포의 훈증 과정을 거치면
2차 생성물인 진액이 생성됩니다.

진액이 포의 훈증 과정을 거치면
3차 생성물인 생명의 에센스인 정(精)이 생성됩니다.
포의 훈증 과정을 통하여 생성된 정을
후천지정(後天之精)이라고 합니다.

정이 포의 훈증 과정을 거치면
4차 생성물인 담(痰)이 생성됩니다.
담은 모든 질병의 원인이 됩니다.

담이 포의 훈증 과정을 거치면
5차 생성물인 폐정(閉精)이 됩니다.
폐정은 담이 타서
끈적끈적한 상태로 되는 것이며
더 이상 생명의 에센스인 정이 생성되지 못하게 됩니다.

포의 훈증 과정이 지나쳐 폐정이 되면
인간은 중병이 걸리게 되며
폐정이 오랫동안 지속되면 죽게 됩니다.

심포는
마음이라는 정신작용과 함께
혈액의 형성과 진액의 생성과 정의 생성과 같은
매우 중요한 역할을 하고 있습니다.
심포에서 생성되는 정은
생명의 원천이며
생명이 생명력을 유지하는데
가장 중요한 역할을 하고 있습니다.

심포에서 생성된 정을 바탕으로
인간의 오장 육부는 생명력을 유지할 수 있기 때문입니다.
심포에서 생성된 정을 바탕으로
인간의 정신작용은 더 활발하게 일어날 수 있습니다.

호모 사피엔스가 창조될 때
심포의 작용은 심포 외에 2곳이 더 있었습니다.
우리 몸에서 제2의 심장은 갑상선이며
우리 몸에서 제3의 심장은
여성은 자궁포이며
남성은 전립선을 제3의 심장이라고 합니다.

물질의 시대는
정신활동이 축소되고 욕심과 욕망이 극대화되는 시대입니다.
물질의 시대는
물질에 대한 소유욕과 성욕으로 유지됩니다.
물질의 시대는
영혼의 신성함보다는
돈을 더 신성시하는 시대를 말합니다.
물질의 시대는
하늘과의 소통보다는
감각적인 쾌락과 재미를 추구하는 시대입니다.

물질의 시대에는
심포의 역할이 축소되어 운영되는 시대입니다.
물질의 시대에는
짧은 생을 통해 물질 체험을 하는 시대입니다.
물질의 시대에는
윤회의 주기가 짧게 설정되어 있습니다.

영성의 시대에는
심포의 역할이 지금보다 확대될 것입니다.
영성의 시대에는
삶의 주기가 점차적으로 늘어나
인간이 창조될 때의 평균 수명인 3천 년 이상을 살게 될 것입니다.
영성의 시대에는
하늘과의 소통속에 자신의 죽음의 시기를 선택할 수 있습니다.

영성의 시대에는
정신작용이 지금보다 활성화되는 시기입니다.
영성의 시대에는
윤회를 통한 배움보다는
다양한 삶의 체험과 경험을 통하여
죽음에 대한 두려움과 공포없이
삶을 살아가는 시대입니다.

영성의 시대를 열기 위해서
인간의 몸은 변하게 될 것입니다.
영성의 시대에 맞도록
인간의 몸은 다음과 같이 변하게 될 것입니다.

첫번째
심포의 기능이 확대되며
여성의 경우
갑상선과 자궁포에 심포의 역할이 추가되어
생명의 에센스인 정 공급이 확대되어
불로장생의 시대가 열릴 것입니다.
심포의 시대에서
3개의 포가 활동하는 삼포의 시대가 열릴 것입니다.

남성의 경우
심포와 함께 갑상선과 전립선에 포의 역할이 추가되어
정을 오장 육부에 충분하게 공급하여 노화를 막게 될 것입니다.

두번째

삼포의 시대를 뒷받침할 수 있는

3개의 경락이 추가적으로 개통될 예정입니다.

인간이 창조될 때 15개의 경락 시스템으로 창조되었습니다.

물질의 시대에는 12경락이면 충분하였기에

3개의 경락 시스템은 봉인이 되어 있었습니다.

영성의 시대에는

12경락에서 15경락 시스템으로 확장될 것입니다.

그 중심에 심포와 갑상선과 함께

남성은 전립선, 여성은 자궁포에 추가되는

3개의 경락 시스템이 구성되어 운영될 예정입니다.

세번째

영성의 시대를 열기 위해

12개의 감정선에 긍정적이고 초월적인 감정을

인간이 느낄 수 있도록

3개의 감정선이 추가로 개통될 예정입니다.

영성의 시대에

하늘과의 소통을 위해

자연 만물과의 교감과 소통을 위해

3개의 감정선이 추가로 개통되어

영성의 시대에 맞는

인간의 감정체계가 새롭게 시작될 것입니다.

네번째

영성의 시대를 열기 위해

7개의 의식선이 9개로 추가 개통될 예정입니다.

추가되는 2개의 의식선은

초월의식과 연민의 에너지를 공급하게 될 것입니다.

추가되는 2개의 의식선을 통해

인간의 의식은 지금보다 확장될 것이며

영성의 시대를 열 수 있게 될 것입니다.

다섯번째

감정선과 의식선이 확장 개통됨에 따라

심포에 있는 메타 휴머노이드 의식구현 시스템이

더 높은 사양으로 업그레이드될 것입니다.

영성의 시대를 열기 위해

하늘은 모든 것을 준비해 놓았습니다.

인류의 건승을 빕니다.

하늘과의 소통속에

하늘과의 조율속에

이 글을 우데카 팀장이 기록으로 남깁니다.

삼초 경락과 기공 호흡 수련에 대한 정리

호흡을 통해 천기를 받아들이고
음식을 통해 지기를 받아들임으로써
인간의 몸은 천지간에 조화로운 기운이
오장의 정을 양생하게 됩니다.

호흡의 기능이 원활하면
장부의 기능이 원활하다는 것이고
경락의 순환이 잘 되고 있다는 뜻입니다.
호흡에 문제가 있다면
경락의 순환에 문제가 생긴 것입니다.
호흡에 문제가 있다면
삼초 경락의 순환에 문제가 발생하게 됩니다.

숨을 들이마시는 힘과
숨을 내쉬는 힘은 같습니다.
숨은 잘 들이마시는 것과
숨을 잘 내쉬는 방법이 중요합니다.

한여름에 수렴과 발산이 동시에 강하게 작용하는 것처럼
혈압이 낮은 사람은
숨을 깊게 들이마시는 훈련을 해야 합니다.

호흡을 깊게 하면 할수록 혈압이 쭉 올라갑니다.
혈압이 높은 사람에게는 내쉬는 숨을 길게 하라고 하는데
숨을 길게 천천히 토하면
혈압이 쭉 내려가는 이치입니다.

잠이 안 올 땐
숨을 길게 토하게 하는 것이
숙면에 도움이 됩니다.
일반적으로 나이가 들면 호흡이 짧아지고
기가 부족해집니다.
호흡이 짧으면 그만큼 생명력이 감소됨을 의미합니다.
수행의 기본은 기의 발산 작용을 기반으로
기를 수렴시키는 단전호흡이나 기공의 형태로 발전하였습니다.

경락의 흐름이 약해지면
제일 먼저 삼초 경락부터 이상 증상이 옵니다.
삼초 경락이 막히면
중완혈과 천추혈이 막히게 됩니다.
중완혈이 막히게 되면
위장관 운동이 줄어들면서
소화 기능이 떨어지게 됩니다.
중완혈이 막히게 되면
우리 몸의 배수혈이 막히기 시작하며
몸이 무거워지기 시작합니다.

삼초 경락이 막히면
천추혈이 막히게 됩니다.
천추혈이 막히면 한열의 순환이 막히고
배꼽을 중심으로 이루어지는
음양의 순환이 막히게 됩니다.

삼초 경락이 막히게 되면
호흡이 짧아지게 되며
소변과 대변의 소통이 어려워집니다.
호흡을 통해
삼초 경락의 순환이 조절됩니다.
호흡의 인위적인 조절을 통해
호흡 수련을 통해
단전의 축기를 통해
삼초 경락의 순환력을 높일 수 있습니다.

호흡 수련을 통해서도
삼초 경락의 순환이 회복되지 않는다면
중완혈과 천추혈의 수기 치료를 통해
위와 소장과 대장의 운동을 회복시켜 주어야 합니다.
중완혈과 천추혈의 자극을 통해
복부의 율동감을 회복시켜 주어야
삼초 경락이 정상화되어
소화 기능의 향상과 함께 몸이 가벼워집니다.

우리가 시도 때도 없이 하는 호흡은
삼초의 기운을 기르는 데 아주 중요합니다.
삼초 중에 유일하게 체(저장)의 기능이 강한 곳이
하초의 하단전이기 때문입니다.

단전은
회음에서 출발해 독맥과 임맥을 흐르고 남은
기와 빛이 모여드는 곳입니다.
단전은
12경락을 순환하고 남은
기와 빛이 자연스럽게 모여드는 곳입니다.
단전은
기경팔맥을 순환하고 남은
기와 빛이 자연스럽게 모여드는 곳입니다.
단전은 우리 몸에서
축기를 할 수 있는 유일한 곳입니다.

삼초 경락을 순환시키는 동력은
단전에 축기된 기와 빛에서 나오기 때문입니다.
삼초 경락은 단전에 쌓인 축기의 힘으로 순환하기 때문에
인간의 의지로 경락의 순환에 영향을 줄 수 있는
유일한 경락입니다.

삼초 경락의 이러한 특징으로 인하여
호흡수련을 기반으로 하는 수행 문화가 탄생하게 되었습니다.

이것을 기공 수련이라 합니다.

무형의 기를 순화하고

무형의 기를 축기하는 방법을 기공이라 합니다.

도가의 기공법에서는

흉식호흡, 복식호흡, 태식호흡이 있습니다.

호흡이 깊어질수록 삼초 경락은 발달합니다.

호흡은 깊을수록 좋은 것인데

삼초와 심포는 마음과 관련되어 있습니다.

마음의 편안함을 위해

마음의 평온함을 위해

호흡을 조절하는 기공 수련은

심포 기능과 삼초 경락의 기능을 극대화하는 수행법입니다.

호흡 수련을 통해

삼초 기능이 좋아지면

단전에 경락의 순환을 마친 기와 빛이

자연스럽게 축기가 이루어집니다.

단전에 축기된 기와 빛은

삼초 경락의 순환을 통해 재활용됩니다.

호흡 수련을 통해

삼초 경락을 통해 축기된 기와 빛이 재활용이 되면

삼초 경락과 표리관계에 있는

심포(마음) 경락이 안정화됩니다.

마음이 평화롭고 평온하게 되면
포의 훈증이 과도하여 생기는
모든 질병의 원인이 되는
담음이나 화병 등을 예방할 수 있습니다.

호흡 수련을 통해
삼초 기능이 좋아지면
정의 소모를 줄일 수 있으며
정을 신장에 축정할 수 있게 됩니다.
신장에 축정된 정은 생명력을 향상시키고
인체의 노화를 방지할 수 있습니다.

호흡 수련을 통해
신장에 축정된 정을 뇌로 보내는
환정보뇌가 원활하게 이루어지면
불로장생할 수 있는 기틀이 생성되는 것입니다.

호흡 수련은
깨달음을 위한 방편일 뿐입니다.
호흡 수련을 한다고
누구나 깨달음에 도달하는 것은 아닙니다.
호흡 수련은
마음 공부를 하는 하나의 방편일 뿐입니다.
호흡 수련을 한다고
영적인 능력을 얻거나 신비체험을 하는 것은 아닙니다.

깨달음과 신비체험은
호흡 수련의 목적이 될 수 없습니다.
깨달음을 얻는 것과 신비체험을 하는 것은
인간의 의지만으로 되는 것이 아닙니다.

호흡과 관련된 인체의 비밀을
기록의 필요성이 있어
우데카 팀장이
이 글을 기록으로 남깁니다.

영성의 시대와 환정보뇌

정(精)은 생명의 정수입니다.
정은 쌀 미(米)자에 푸를 청(靑)자를 씁니다.
쌀 미 자는 곡식을 뜻하고
푸를 청 자는 채소를 뜻합니다.
곡식과 채소에서 생명의 근원 물질이 생성되는 것을
우리 조상들은 알고 있었습니다.

동물의 몸을 먹는 육식으로는
정을 생성하지 못합니다.
남의 살을 먹는 육식으로는
정을 만들지 못하고 기운만 세집니다.
곡식과 채소는 태양빛을 받지만
달빛과 별빛을 보고 성장하는 을목(乙木)입니다.
달빛과 별빛을 보고 밤에만 자란 곡식과 채소는
음기의 속성이 강합니다.
이 음기가 우리 몸에서 생리적 소화 작용을 거쳐
포의 훈증 과정으로 정이 만들어지는데
이것을 후천지정(後天之精)이라고 합니다.

이 후천지정은 음식을 먹는다고
무작정 생기는 것이 아닙니다.

음식과 함께 몇 가지 다른 조건들이 충족되어야
정은 우리 몸에서 만들어지며 축정이 이루어집니다.

첫째

고요함과 평온함 속에서 정이 생성이 됩니다.
시끄럽거나 마음이 심란하면
정은 생기지 않고 축정 역시 이루어지지 않습니다.
정은 포의 훈증 작용을 통해 생성되는데
마음이 불안하거나 심란하여 잠을 못 이루게 되면
포의 훈증 작용이 일어나지 않거나
정을 생성하지 못하게 됩니다.

둘째

정은 정신이 끊임없이 육체적 활동을 하거나
정신적인 노동을 하고 있을 때는 생성되지 않습니다.
쉬는 것은 마음이 쉬어야 진짜 쉬는 것입니다.
마음이 쉬는 고요한 때라야 정이 생성됩니다.
정은 명상을 할 때나 좌선을 할 때
깜박 졸 때나 숙면을 취하고 잘 때 생성됩니다.
정은 생각을 멈추고 무심의 경지에 있을 때
마음이 편안할 때 정은 잘 생성됩니다.

정은 생식과 생장 발육 기능을 하게 되고
골수를 생성하고
질병에 대한 면역 능력을 증가시킵니다.

정은 포의 훈증 과정을 통해서
피를 1000배나 몸에서 농축해야지만 생성이 됩니다.

정은 우리 몸을 탄력있게 하며
정은 우리 몸을 부드럽게 하는 기틀을 제공하며
정은 인체를 수렴시켜 형상을 부여하고
기를 갈무리하는 역할이 있습니다.
정의 응집력이 강할수록 기의 발산력이 강하게 됩니다.

정은 포에서 만들어지며 신장에 저장이 됩니다.
정이 있으므로
인체가 흐트러지지 않은 형상을 유지할 수 있기 때문에
정을 인체의 근본이라고도 하며
정을 생명의 에센스라고도 합니다.

정은 곡식과 채소에서 나오며
절대로 기름진 음식에서 나오지 않습니다.
정은 담백한 음식에서 나오며
고요하고 심신이 안정될 때만 형성됩니다.
아침을 잘 먹고 저녁에 소식을 하는 식생활이 축정에 좋습니다.

정의 주관은 심장에 있으며
정을 축정하는 기능은 신장에 있습니다.
정은 소음 경락의 상호작용에 의해 길러집니다.
길러진 정의 응집력을 방해하는 것이 화(火)입니다.

화는 정의 응집력을 흐트러뜨리기 때문에
정이 새어 나가게 하는 원인이 됩니다.

화를 잘 내거나
몸에 열이 많은 사람은
정이 부족해지기 쉽고
기의 발산력이 약해지며 기가 탁해지기 쉽습니다.
정이 부족한 사람은 저녁에 먹는 것을 즐깁니다.
정을 잘 지키려면 화를 없애야 합니다.

정부족은
여성들에겐 자궁이나 포의 기능을 약화시킵니다.
정부족은 음허화왕(陰虛火旺)을 가속화시켜 노화를 촉진합니다.
상대적으로 육체를 많이 쓰고 성욕을 억제하지 못해 남용하면
환정보뇌가 이루어지지 못해
머리가 나빠지고 지혜가 고갈됩니다.

정을 축정하는 것이 생명을 보존하는 길입니다.
정을 축정하여 뇌로 보내는 것을 환정보뇌라 합니다.
환정보뇌(還精補腦)는
심포에서 생성된 정이 갑상선을 거치지 않고
단전이나 신장에 축정된 정을
수행을 통하여 뇌로 보내는 수행법을 말합니다.
환정보뇌를 통해 뇌기능이 활성화되고
기억력과 창의력 등이 좋아지게 됩니다.

옛날의 도인들은 이 환정보뇌의 방법을 통해
불로장생을 꿈꾸었습니다.
환정보뇌를 통해 뇌의 노화를 막고
육체의 노화를 어느 정도 막을 수 있었습니다.

금욕을 하거나 사정을 억제하는 방법으로는
환정보뇌를 이룰 수 없습니다.
호흡 수련과 기공 수련만으로는
환정보뇌를 완성할 수 없습니다.
마음 공부와 마음의 고요함만으로
환정보뇌를 완성할 수 없습니다.

물질의 시대에
기도와 수행의 시대에
환정보뇌는 특수한 체질을 가진 소수들만 이룰 수 있었습니다.
다가오는 영성의 시대에는
환정보뇌의 수행법이 일반화될 예정입니다.
환정보뇌는 영성의 시대에 존재했던 수행법입니다.
물질의 시대에는 그 명맥만이 이어져 왔습니다.

다가오는 영성의 시대에는
새로운 환정보뇌의 수행법이 인류에게 전해질 예정입니다.
다가오는 영성의 시대에
환정보뇌의 수행법을 통해
불로장생의 시대가 열리게 될 것입니다.

환정보뇌가 잘 이루어질 수 있도록
하늘에서는 3가지를 준비해 두었습니다.

첫째

심포에서 생성되는 정의 입자가
지금보다 훨씬 곱고 미세한 입자로 생성될 수 있도록
포의 훈증 기능을 지금보다 업그레이드할 예정입니다.

둘째

지금의 인간의 몸은
심포에서만 정이 생성되지만
갑상선과 전립선(자궁)에서
심포에서 생성된 정을 재가공할 수 있는 기능을
추가시킬 예정입니다.
심포(1개의 포)의 시대에서
삼포(3개의 포)의 시대가 될 예정입니다.

셋째

12경락에서 15경락으로 경락 시스템이
업그레이드될 예정입니다.
갑상선과 함께 자궁이나 전립선을 통과하여
뇌로 연결되는 경락들이 추가적으로 설치되어
환정보뇌가 지금보다 잘 이루어지도록
구조적인 재조정이 준비되어 있습니다.

환정보뇌는

영성의 시대에

불로장생을 위해

하늘에 의해 준비되고 있는 축정의 방식임을 전합니다.

환정보뇌를 통해

인간의 불로장생의 꿈은 이루어질 것입니다.

인류의 건승을 빕니다.

보름달과 우리 몸의 변화

꽃과 곡식들은 달빛을 보고 자란다고 해서
을목(乙木)이라고 합니다.
나무는 태양을 보고 자란다고 해서
갑목(甲木)이라고 합니다.

모든 식물은 달빛을 받으며 성장합니다.
모든 동물은 달빛을 받으며 생식과 번식을 조절합니다.
달의 영향을 많이 받는 사람을 음인(陰人)이라 합니다.
여성들은 남성들에 비해 감성적이며
감정의 변화가 심합니다.
달은 남성보다는 여성의 몸의 변화에
아주 민감하게 작용합니다.

달의 모양에 따라 생리의 주기와 양상이 달라집니다.
마음이 평화롭고 자연과 동화되고
마음에 여유가 있을 때는
보름달과 생리주기를 같이하며
생리통이 줄어들거나 약하게 나타납니다.
마음에 여유가 없고 근심 초조 불안 등이 심할 때는
생리주기가 보름달의 주기에서 벗어나
그믐달로 가까워지고 생리통도 심해집니다.

지구의 위성은 달 하나밖에 없습니다.
행성의 시스템은 보통 위성이 2개나 4개로 구성됩니다.
위성 간에 발생하는 인력들 간의 균형이 맞을 때
기온이나 기후의 변화의 폭이 적게 됩니다.
해류의 순환이나 대기의 순환 역시
변화의 폭이 적고 안정적이어서
곡식을 안정적으로 생산할 수 있습니다.

달이 하나인 관계로 지구 행성에는
양극성이 뚜렷하게 나타나게 됩니다.
달이 하나인 관계로 기후 변화가 극심하며
강력한 태풍이나 이상 기후가 나타납니다.
지구 행성에 달이 하나가 되면서 발생하는 문제점들과
달이 인간의 몸에 미치는 영향은 다음과 같습니다.

보름달이 뜰 때
인간의 감정이 가장 불안정해집니다.
보름달이 뜰 때
인간의 성욕이 가장 강하게 나타납니다.
보름달이 뜰 때
인간의 비이성적이고 폭력적이고 파괴적인 본성이 잘 드러나며
범죄율이 가장 높습니다.

보름달이 뜰 때
인간의 감정은 불안정해지며 충동적이 됩니다.

보름달이 뜰 때

여성은 임신이 상대적으로 잘 됩니다.

보름달이 뜰 때

영혼들의 운반이 가장 쉬워서

신생아의 출생율이 가장 높습니다.

보름달이 뜰 때

물고기들은 산란을 하고

짝짓기를 하기 위해 숨어 버립니다.

보름달이 뜰 때

어부들은 고기를 잡지 않습니다.

보름달이 뜰 때

지구와 달 사이의 인력이 가장 큽니다.

보름달이 뜰 때

자연 재해가 가장 많이 일어나며

자연 재해의 규모가 크게 나타납니다.

보름달이 뜰 때

인체의 생리 현상 또한 가장 활발해집니다.

보름달이 뜰 때

몸의 이온들의 전리가 가장 잘 이루어집니다.

보름달이 뜰 때

마른 체질을 가진 담체(膽體)들은

물을 잘 마시지 않는데

보름을 전후로는 수분 섭취를 충분하게 해 주어

몸의 이온들의 전리가 잘 되는 이 시기에
몸 안에 쌓여있는 독소들을
소변이나 대변을 통해 배출하게 하는 것이 좋습니다.

보름달이 뜰 때
평소에 땀이 많이 나고 몸이 뚱뚱한 방광체(膀胱體)들은
양기(陽氣)가 부족한 사람입니다.
보름을 전후로 충분한 수분 공급을 해주어야 합니다.
자체의 순환력을 증가시켜 몸 안의 습(濕)을 없애야 합니다.
몸이 무겁거나 기운이 없을 때 수액을 맞는 원리와 같습니다.

보름달이 뜰 때
신장의 결석, 요로결석, 담석증 증상이 있는 사람들도
보름을 전후로 충분한 수분 공급을 통해 치료하면 효율적입니다.

달이 하나밖에 없기에
지구 행성은 심각한 에너지 불균형을 가지고 있습니다.
이 에너지 불균형을 해소하기 위해
기온이나 기후의 변화가 극심할 수밖에 없습니다.

달이 하나밖에 없기에
인체 내의 에너지 불균형으로 인하여
명상을 통해
수행을 통해
인간의 에고를 온전하게 제거하기 어려웠습니다.

달이 하나밖에 없기에
지구 행성의 에너지 불균형으로 인하여
지구 행성의 구조적 모순으로 인하여
영성의 시대를 열 수 없었습니다.

지구 행성의 차원상승 과정에서
지축은 정립이 될 것이며
안전지대인 역장 생활이 해제된 이후에
지금의 달의 약 80% 정도의 달이 하나 더 추가될 예정입니다.
추가된 달로 인하여
지구 행성은 약 20%의 에너지 불균형만 남게 될 예정입니다.

지구 행성이 온전한 자미원이 되었을 때는
지금의 달과 추가된 달이 가진 에너지와 균형을 맞출 수 있는
대형 달이 추가될 예정입니다.

하늘과의 소통속에
하늘과의 조율속에
우데카 팀장이 기록을 위해 이 글을 남깁니다.

미래의 결혼과 성 영혼 운반자

영혼은 생명의 옷을 입고 있습니다.
영혼은 생명 속에서만 머물 수 있으며
영혼은 생명 속에서만 살 수 있습니다.

영혼은 자연의 옷을 입고 있습니다.
자연은 영혼이 입은 옷들의 전시장입니다.
자연은 영혼이 머물고 있는 신성한 성전입니다.

영혼은 인간이라는 옷을 입어야 인간이 됩니다.
영혼이 소라는 옷을 입으면 소가 됩니다.
영혼이 나무라는 옷을 입으면 나무가 됩니다.
영혼이 꽃이라는 옷을 입으면 꽃이 됩니다.
영혼이 인간이라는 옷을 입어야 비로소
인간이 되는 것입니다.

행성이 은하의 밤을 통과하는 시기에는
행성에 많은 영혼들이 입식되어야 합니다.
행성이 전성기를 맞이하거나
자연의 격변 후 행성을 재건해야 하는 경우나
전쟁 후 사회를 재건해야 할 때에는
많은 영혼들이 운반되어야 합니다.

지구 행성은 우주의 7주기를 열기 위하여
우주의 카르마를 해소하기 위해 준비된 종자행성입니다.
대우주에서 발생한 우주의 카르마들을
지구 행성에 풀어놓고
카르마들을 해소하기 위해서 많은 영혼들이
지구 행성으로 운반되어야 했습니다.

우주의 관점에서 보면
지구 크기의 행성은 보통 5억에서 8억 정도의 인구가 적합합니다.
지구 행성은 인구가 많아도 너무 많습니다.
외계 행성에서 온 영혼들의 숫자가
행성 인구의 약 12%에 해당할 만큼
지구 행성에 운반된 영혼들이 참 많습니다.

지구 행성으로 운반될 영혼들이 많았습니다.
지구 행성으로 운반될 영혼들을 위해
지구 행성의 여인들은 임신이 잘 될 수 있도록 셋팅되었습니다.
영혼을 잘 운반할 수 있도록 하기 위하여
남성에게는 평균보다 높은 성적인 욕망과 충동을 가지도록
생명회로도에서 셋팅되었습니다.
영혼을 잘 운반할 수 있도록 하기 위해서
여성에게는 생리 주기를 짧게 하였습니다.
영혼을 잘 운반할 수 있도록 하기 위해서
기경팔맥 중 임맥(任脈)과 충맥(衝脈)을
평균보다 많이 활성화되도록 조물되었습니다.

영혼이 인간이라는 옷을 입기 위해서는
인간의 옷을 입은 영혼들만이 성(性)을 통해
영혼을 운반할 수 있습니다.
영혼이 인간이라는 몸을 통해
영혼의 물질 체험을 하기 위해서는
남녀의 결혼과 성을 통해서만
영혼은 운반될 수 있습니다.

지구 행성의 차원상승 후
지구 행성은 우주에 하나밖에 존재하지 않는
자미원이 될 예정입니다.
지구 행성의 인구는 6억 미만이 될 것입니다.
지구 행성이 온전하게 자미원이 되었을 때는
최대 8억을 넘지 않을 것입니다.
지구 행성으로 운반되는 영혼의 숫자가 많지 않을 것입니다.
지구 행성의 영단은 지금보다 크게 축소되어 운영될 것입니다.
지구 행성으로 운반되는 영혼의 숫자가 줄어들게 되면서
인류는 지금과는 다른 결혼과 성 문화를 가지게 될 것입니다.

지구 행성의 차원상승 과정에서
지구 행성의 대격변의 과정에서 살아남은 인류들은
다음과 같은 결혼과 성 문화 속에서 살아가게 될 것입니다.

남성들의 성욕은
지금보다 약 20% 정도 감소하게 될 것입니다.

남성들의 넘치는 성욕은
차크라를 활성화시키는 방법을 통해
남성 스스로 조절할 수 있는 방법들이
하늘에서 인류에게 전달될 것입니다.
남성과 여성의 성 비율이 평균적으로
40 : 60으로 시작하여 35 : 65가 될 것입니다.

남성성이 지금보다는 줄어들게 되며
여성성은 지금보다 확대될 예정입니다.
사회는 여성 중심주의 사회로 점차적으로 변화해 갈 예정입니다.
여성이 많아지면서 지금과 같은 결혼 문화는 사라지게 될 것입니다.

여성의 성욕은
지금보다 약 20% 정도 높아질 것입니다.
여성의 생명력과 활력이 지금보다 왕성해질 것입니다.
여성들이 임신을 하고 싶어도 할 수 없게 될 것입니다.
여성들의 임신과 출산은
지역의 위원회에서 엄격하게 관리되고 통제될 것입니다.
남녀의 결혼과 임신과 출산은
하늘의 엄격한 통제속에서 관리될 예정입니다.

지구 행성의 차원상승 후에는
대규모 인구의 감소로 인하여
역장 생활 초창기에는
고차원 영혼들이 지구 행성에 운반되어야 합니다.

이때의 여성의 생리 주기는
3개월이나 6개월로 늘어나게 될 것입니다.
지구 행성이 점차로 자미원으로 완성이 되어감에 따라
여성의 생리 주기는 최대 12배로 길어지게 될 것입니다.

지구 행성이 온전하게 자미원이 되었을 때는
여성의 생리가 사라지게 될 예정입니다.
지구 행성이 온전하게 자미원이 되었을 때는
결혼과 임신과 출산은
하늘에 의해 엄격하게 통제되고 관리될 것입니다.
지구 행성이 온전하게 자미원이 되었을 때는
하늘에 의해 임신과 출산의 승인이 난 여성에게만
여성의 생리는 시작될 것입니다.

임신과 출산으로부터 자유로워진 여성들은
자유연애를 하게 될 것입니다.
인류의 평균 수명이 백 년에서 3백 년을 거쳐
천 년 이상을 살게 될 것입니다.
인류의 평균 수명이 천 년을 지나 3천 년까지 연장되는데
결혼과 성에 대한 인류의 의식의 대전환들이 있을 것입니다.

성 문화는 지금보다 자유로워지게 될 것입니다.
만남과 헤어짐이 자유롭게 될 것입니다.
자신의 우주적 신분이 드러나게 될 것입니다.
하늘과의 소통이 가능하게 될 것입니다.

본영과의 합일을 이루거나
높은 차원의 상위자아 합일을 이룬 영혼들이 많기 때문에
서로가 서로의 에너지를 느낄 수 있게 됩니다.
에너지의 법칙속에서 자유연애가 이루어질 것입니다.

오래된 영혼들과 젊은 영혼들은
서로 진동수가 맞지 않기 때문에
서로의 성 에너지를 교류하고 교환하는데
많은 어려움이 있을 것입니다.
새 하늘과 새 땅에 펼쳐지는 매트릭스는
물질 매트릭스가 지금보다 약해지고
에너지(진동수)의 매트릭스가 새롭게 펼쳐질 것입니다.

하늘과의 단절속에서
지금의 인류가 경험하고 있던 결혼과 성 문화는
추억속으로 사라지게 될 것입니다.
하늘과의 소통속에 살아야 하는 영성의 시대에는
영성의 시대에 맞는 결혼과 성 문화가 준비되어 있으며
안전지대인 역장 생활을 통해
과도기를 지나면서
미래의 결혼과 성 문화는 펼쳐질 것입니다.

하늘과의 소통속에
하늘과의 조율속에
이 글을 기록으로 남깁니다.

미래의 인류 스타시스 후 변화된 인류의 모습

지축 이동을 기점으로 하여
인류는 긴 잠을 자게 됩니다.
지축 이동이라는 대격변 이외에
대륙의 침몰과 융기 또한 함께 이루어질 예정입니다.

지축이 정립될 때에 나는 엄청난 굉음과 진동으로부터
인간을 보호하기 위해
하늘에서는 긴 잠을 준비해 놓았습니다.
영성계에서는 스타시스(stasis)로 알려져 있습니다.
스타시스란 생명이 있는 생명체들의
에너지 대사가 최소로 조정되면서
핵과 전자 사이의 진동이 최소화되면서
생명 활동이 최소화되는 상태가 오랫동안 지속됨을 뜻합니다.

스타시스가 진행되는 동안
심장 박동은 매우 느려져 최소화되고
에너지 대사가 잠을 잘 때처럼 최소가 되며
세포와 조직 사이의 진동수가 느려지고
장부의 활동이 거의 일어나지 않게 됩니다.
하늘의 기술들이 동원되는 것입니다.
지축의 정립은 총 7차례에 걸쳐 일어납니다.

스타시스는 지축의 정립 4차 때에 일어나며
모든 생명체들은 스타시스를 겪게 됩니다.
모든 생명체들은 깊은 잠을 자게 됩니다.

스타시스 기간은 사람마다 다릅니다.
1개월 미만을 자는 사람 ⇒ 빛의 일꾼 수뇌부
3개월을 자는 사람 ⇒ 일반 빛의 일꾼
6개월을 자는 사람 ⇒ 외계 행성에서 온 영혼
8개월을 자는 사람 ⇒ 일반인(노란빛 영혼)

스타시스 동안 하늘의 에너지체들에 의해
생명회로도의 업그레이드가 진행될 것입니다.
생명회로도가 업그레이드 된 후의 인류를
미래의 인류라 할 수 있습니다.

생명회로도의 업그레이드가 진행된 후
인류의 변화된 모습은 다음과 같습니다.

◆ 첫번째 변화 ⇒ 경락 시스템의 변화
• 12경락에서 15경락으로 변화
• 추가되는 경락은
  갑상선과 자궁(전립선) 그리고 심포를 귀경으로 합니다.
• 갑상선에 경락이 설치되면서
  뇌에 더 많은 빛(에너지)을 보낼 수 있으며
  뇌의 기능 향상에 많은 도움이 될 것입니다.

- 자궁에 경락이 설치되면서
  임신과 출산에 대한 새로운 시스템이 준비될 예정입니다.
- 무형의 기계장치에서 나오는 적취를 효율적으로 배출하기 위한
  시스템들이 재정비될 예정입니다.
- 심포의 활성화 ⇒ 심포의 시대 ⇒ 영성의 시대

◈ 두번째 변화 ⇒ 차크라 시스템의 변화
- 임맥에 있는 8개의 차크라 ⇒ 11개로 변화
- 차크라의 위치의 재조정이 있을 예정
- 가슴 차크라와 갑상선 차크라 사이에
  차크라 1개가 추가될 예정 ⇒ 심장의 빛을 공급
  ⇒ 정신 작용의 고도화 ⇒ 영성의 시대 도래
- 단전 차크라와 회음 차크라 사이에 차크라 1개 추가될 예정
  ⇒ 키가 커지게 되면서 하체 순환을 촉진하기 위한 차크라
  ⇒ 음양의 순환을 보완하기 위한 조치
- 단전 차크라와 비장 차크라 사이 ⇒ 배꼽 주변
  ⇒ 임맥과 독맥 사이의 차원간 공간에 차크라 추가
  ⇒ 키가 커지면서(평균적으로 180~210cm) 척추를 보완하고
  독맥에 빛을 공급하기 위해 차크라 추가 예정

◈ 세번째 변화 ⇒ 감정선과 의식선의 변화
- 감정선 12개 ⇒ 15개로 증가
- 긍정적인 감정과 밝은 에너지를 구현할 수 있는
  감정선의 최상위 층에 설치될 예정
- 심층적이고 미세한 감정을 구현할 수 있다.

- 극단적인 감정과 폭발하는 분노 등이 발현되지 않도록
  감정선에 대한 영점 조정이 이루어질 예정
- 긍정적인 감정선은 활성화되고 부정적인 감정선은 억제되는
  영점 조정이 이루어질 예정

- 의식선 7개 ⇒ 9개로 증가
- 고차원적인 사고와 창조 능력의 확대
- 영적인 능력이 활성화되도록 조정
- 극단적인 생각이나 사고가 발현되지 않도록 하기 위해
  의식선에 대한 영점 조정이 우주적 신분에 맞게 이루어질 예정
- 긍정적인 의식을 발현하는 의식선은 활성화되고
  부정적인 의식을 발현하는 의식선은 축소될 예정

◈ 네번째 변화 ⇒ 의식구현 시스템의 영점 조정
- 메타 의식구현 시스템의 영점 조정이
  우주적 신분에 따라 차등적으로 이루어짐
- 무의식과 잠재의식과 현재의식 사이의
  정보 통합과 정보 교류가 활성화됨
- 혼 에너지막에 새겨진 빛/중간/어둠의 매트릭스가 완화됨

◈ 다섯번째 변화 ⇒ 영성의 시대
- 식물과의 대화 가능
- 동물과의 대화 가능
- 하늘과의 쌍방향 소통이 가능
- 이심전심의 시대가 열림

◈ 여섯번째 변화

- 식욕의 감소 ⇒ 음식을 먹고 소화되는 에너지 흡수율이
  10~15% 정도 향상됨에 따라
  음식의 섭취 역시 약 20% 정도 줄어들게 됨
- 인류의 의식이 높아지는데 비례하여
  평균 수명이 점차로 높아지게 됨
  두자리 숫자의 평균 수명에서
  ⇒ 세자리 숫자의 평균 수명
  ⇒ 네자리 숫자의 평균 수명으로 확대
- 성욕의 감소와 생리가 사라지게 됨
  임신과 출산이 엄격하게 제한되며
  여성의 8% 정도만이 임신을 할 수 있으며
  출산하는 아이의 수 역시 엄격하게 제한됨
- 키가 커지고 노화의 속도가 매우 느려짐

시절인연이 되어
의식이 깨어나고 있는 빛의 일꾼들과
의식이 깨어나고 있는 하늘 사람들을 위해
하늘의 황금나팔 소리로서
우데카 팀장이 이 글을 전합니다.

빛의 일꾼들의 건승을 빕니다.

보물의 연못

보물을 가지고 있는 사람이 있습니다.
보물은 귀하고 소중한 것이기에
보물을 가지고 있는 사람이
스스로 지킬 수 있어야 합니다.

자신이 가지고 있는 보물이
보물인지 모르고
무엇이 보물인지도 모르고
밖에서 보물을 찾고 있는 사람들이 있습니다.

보물은 귀하고 소중하기에
보물이라고 하는 것입니다.
보물의 가치를 알아볼 수 있는 사람만이
보물의 가치를 평가할 수 있습니다.
보물은 빛이 나며 아름답습니다.
아름다운 보석은 어둠속에서도 빛이 납니다.

내 눈에 보물로 보이면
다른 사람의 눈에도 보물로 보이는 것이
세상의 이치입니다.

남의 것이 커 보이고
남의 보물이 더 좋아 보이는 것이
인간의 본성인 동시에 세상의 인심입니다.

보물이 보물로서 인정받지 못하고
탐내고
훔치고
소유하고
거래하려고 할 때
보물은 보물이 되지 못하고
상품이 되고 맙니다.

보물이 보물로서 인정받지 못할 때
보물은 누군가로부터
내던져지고
버려지고
구겨지는 애물단지가 되고 맙니다.

보물이 보물로서 평가받지 못할 때
보물은 누군가로부터
깨지고
부서지고
상처난 보물이 되고 맙니다.

보물의 소중함을 그대는 아는가?

보물을 대하는 그대의 손끝의 떨림속에
당신의 마음이 담겨 있습니다.
보물을 대하는 그대의 순수한 마음속에
보물의 가치가 담겨 있습니다.
보물을 보물인지 알아본 당신의 귀한 마음속에
보물은 때로는 보석이 되어
그 빛을 뿜어낼 것입니다.

보물의 귀함을 그대는 아는가?
그대의 보물이 소중한 것만큼
타인의 보물 또한 귀하고 소중한 것이라
보물의 소중함을 그대는 아는가?
당신에게 소중한 사람이 소중히 여기는 보물을
당신이 어찌 함부로 할 수 있겠는가?

보물중에 보물은 생명이라
보물중에 보물은 생명의 연꽃이라
보물중에 보물은 생명의 연꽃을 피울 수 있는
보물의 연못이라

보물중에 보물은 사랑이라
보물중에 보물은 사랑으로 피는 꽃이라
보물의 연못에 사랑은 축복의 빛이라
사랑속에 꽃이 피니
생명의 꽃이라

생명의 꽃이 피어나는 곳이
보물중에 최고의 보물이라
생명속에 숨어 있는
생명 진리가 자라는 곳이
하늘이 숨겨 놓은 보물 창고라

꽃중의 꽃이 피니
생명의 꽃이라
생명의 숲에 보물이 가득하니
하늘이 숨겨 놓은
꽃피는 자궁이라

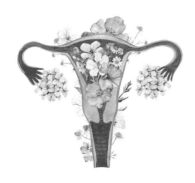

유학과 도가 사상 유불선의 통합

지구 행성에 펼쳐진 모든 문화나 문명은
하늘에서 온 것입니다.
지구 행성에 펼쳐진 모든 문화와 제도들은
우주 어느 행성에 있는 것들 중 일부를
지구 행성에 입식하여 놓은 것입니다.
지구 행성에 펼쳐진 모든 정신문명과 물질문명들은
우주 어느 행성에 있는 것들 중 일부를
외계 행성에서 온 영혼들의 우주의 카르마들을 해소하기 위해
입식시켜 놓은 것입니다.

지구 행성은 대우주의 7번째 주기를 열기 위해
우주가 6주기를 진화하는 동안 발생한
우주의 카르마를 해소하기 위해 준비된 종자행성입니다.
지구 행성이 창조주에 의해 종자행성으로 선정되면서
지구 행성은 우주의 카르마들을 전시해 놓은
카르마의 전시장이 되었습니다.
지구 행성이 창조주에 의해
우주의 카르마를 해소하기 위한 종자행성이 되면서
지구 행성은 모든 카르마들을 해소하고 녹여낼 수 있는
용광로가 되었습니다.

동양 문화는 정신문명이 우세한 문명입니다.

동양의 문화를 대표하는 사상은 유불선 사상입니다.

동양의 문화는 유교 문화와 불교 문화 그리고

도가 사상에 기반을 둔 문화가 서로 융합되어 있습니다.

지구 행성의 차원상승 후

지구 행성의 지축의 정립 후

지구 행성의 격변 이후에

새 하늘과 새 땅에서 펼쳐질 정신문명은

동양의 문화에 뿌리를 두고 탄생될 예정입니다.

동양의 문화를 대표하는 사상은

유학과 도가 사상입니다.

유학과 도가 사상은 동북아시아에서 펼쳐진

고유한 정신 문화입니다.

유학과 도가 사상은 동북아시아에 살고 있는 영혼들을 위해

하늘이 설치한 독특한 문화입니다.

유학과 도가 사상은

동북아시아에서 영혼의 물질 체험을 하고 있는 영혼들의

고유한 영혼의 진화 로드맵입니다.

유학과 도가 사상은 동북아시아에 살고 있는

천손 민족인 한민족과 단지파를 위해

하늘이 펼쳐놓은 영혼의 진화 로드맵입니다.

중국 사상사의 근본의 흐름은 도가 사상입니다.

중국 사상사의 바탕은 유교가 아닌 도가 사상이며 신선 사상입니다.

중국 사상사의 근본은 자연과 인간과의 관계속에 형성된
비인격화된 하늘을 믿고 따르는 도가 사상입니다.
도가 사상은 범신론적인 하늘을 믿으며
자연의 도와 하늘의 도가 다르지 않다는 것을
생활속에서 실천한 사상입니다.

도가 사상에서 동북아시아의 독특한 의학인
동양 의학이 탄생되었습니다.
질병없이 오래 살고
자연속에 살면서
불로불사하는 신선이 되고 싶은 욕망에서
도가 사상은 출현하였습니다.
도가 사상이 확장되는 과정에서
인간의 몸과 인간의 질병에 대해 해석하고 치료하는
동양 의학이 탄생되었습니다.
동양 의학은 현대의 과학으로는 설명할 수도 없으며
이해할 수도 없는 생명 현상들을
음양 오행과 오운 육기를 통해 독특한 해석이 이루어졌습니다.
도가 사상은 동양 의학을 탄생시켰으며
인간의 질병의 치유에 사용되었습니다.

도가 사상에서 나온 동양 의학과 신선 사상
도가 사상에서 나온 수행 문화와 공과격(功過格) 등은
유교 문화와 불교 문화를 받아들이는데
많은 역할이 있었습니다.

유교 문화는 중국에서 발원하였지만
한반도에서 그 화려한 꽃을 피웠습니다.
유교 문화는 일본으로 이어져
사무라이 문화를 형성하는데 많은 영향을 미치게 됩니다.
유교 문화 역시 동북아시아에서 꽃피운
독특한 정신문명 중 하나입니다.
유교 문화는 종교가 아닌 농경 문화에 걸맞은
인간과 인간 사이에 발생하는 문제점들을 해결하는
윤리와 철학의 역할을 담당하였습니다.

불교 문화는 인도에서 발원하여 중국을 거쳐
동북아시아의 보편적 종교가 되었습니다.
내세 신앙과 기복 신앙의 중심이 되었으며
인간과 인간 사이의 문제를 넘어
인간과 하늘
인간과 자연의 문제를 접근하는데 필요한
우주의 심오한 철학적 문제들을 접근하고 해석하는데
많은 역할을 담당하였습니다.

동북아시아에서 펼쳐진 유불선 사상은
하늘이 한민족을 위해
하늘이 단지파를 위해
하늘이 한반도에서 펼쳐질
미래의 정신문명을 출현시키기 위해 펼쳐놓은
독특한 영혼의 진화 경로입니다.

동북아시아에서 펼쳐진 유불선 사상은
한반도에서 한민족의 문화와 한민족의 정신을 통해
면면이 이어져 왔습니다.

유불선 사상을 경험한 민족들 중에
유불선 사상을 경험한 나라들 중에
오직 한민족만이 천손 민족이라는 자부심과
긍지를 가지고 살아왔습니다.
유불선 사상은 지축의 정립 후 펼쳐지는
새로운 정신문명의 토양이 되어줄 것입니다.
유불선 사상은 물질문명이 종결된 후
개벽 이후의 세상에 출현하는
새로운 정신문명의 뿌리가 되어줄 것입니다.
유불선 사상은 지구 행성의 대격변 후
안전지대인 역장 안에서
재난에서 살아남은 사람들이 새로운 정신문명을 시작할 때
중요한 자산이 되어줄 것입니다.

유불선 사상의 꽃은 동양 의학입니다.
유불선 사상의 핵심은
하늘을 가슴에 모시고 사는 것입니다.
유불선 사상은
인간과 자연이 어떻게 공존할 것인가를 알려주는
이정표가 될 것입니다.

유불선 사상을 바탕으로
유불선 사상의 통합을 통해
새롭게 해석되고 이해할 수 있는 하늘이 열리게 될 것입니다.

유불선 사상의 통합을 통해
하늘과 인간은 서로 만나게 될 것입니다.
유불선 사상의 통합을 통해
보이지 않는 세계와 보이는 세계가 서로 만나게 될 것입니다.
유불선 사상의 통합을 통해
하늘과 인간은 서로 소통하게 될 것입니다.
유불선 사상의 통합을 통해
하늘과 인간은 서로 만나
신정 정치 시대를 함께 펼치게 될 것입니다.

유불선 사상의 통합은
안전지대인 역장 안에서 완성될 것입니다.
유불선 사상의 통합을 통해
한반도는 세상의 중심이 될 것입니다.
유불선 사상의 통합을 통해
한민족은 천손 민족으로
지구 행성의 후천 문명을 리드하는 민족이 될 것입니다.

하늘과의 소통속에
하늘과의 조율속에
이 글을 우데카 팀장이 기록으로 남깁니다.

영성의 시대를 여는 연민의 에너지

모든 살아있는 존재들은
서로가 연결되어 있습니다.

남에게 한 행동은
그것이 곧 나에게 한 것이 되어
나에게 되돌아온다는 것이
카르마와 윤회의 법칙입니다.
카르마와 윤회 시스템은
우주의 보편적인 법칙입니다.

내가 남을 대접하고 그를 존중하면
그것은 나 자신을 대접하는 것이 되는 것입니다.
타인을 위해 한 모든 것은
나를 위하는 것이라는 것을 아는 것이
마음 공부의 본질이며
깨달음의 실체입니다.

눈에 보이지 않는다고 없는 것이 아닙니다.
나무의 뿌리는 우리 눈에 보이지는 않지만
나무 뿌리가 있기에
나무가 살아 있는 것입니다.

눈에 보이지 않는 세계가 있기에
눈에 보이는 세계가 존재할 수 있는 것입니다.
눈에는 보이지 않는 비물질의 세계와
눈에 보이는 물질의 세계는 모두 에너지로 연결되어 있습니다.

지금 이 시간 아프리카 오지에서
굶주림에 죽어가고 있는 어린이들과 나는
눈에 보이지 않는 세계에서
에너지적으로 연결되어 있습니다.
산에 지천으로 피어 있는 철쭉꽃과도
나는 에너지로 연결되어 있습니다.
바다에서 무리를 이루어 다니고 있는 고등어와도
나는 에너지로 연결되어 있습니다.

영혼마다 공부와 진화의 정도만 다를 뿐
우리 모두는 다 하나로 연결되어 있는 신성한 존재들입니다.
쓸모없는 것은 아무것도 없으며
풀 한 포기에서부터 진화한 호모 사피엔스까지
우리 모두는 창조주의 의식 안에서 뛰어놀고 있는
하나의 의식일 뿐입니다.

우주의 날숨을 우주의 팽창기라고 하며
우주의 들숨을 우주의 수축기라고 합니다.
지구 행성은 우주의 팽창기인 은하의 밤을 통과하였습니다.
지구 행성은 우주의 제로 포인트를 통과하고 있는 중입니다.

이 시간은 축제의 시간이며
영혼의 탄생과 성장과 경험을 위한 시기이며
시간이 느려지는 시기이며
이 시기를 물질의 시대라고 합니다.

지금은 우주의 수축기이며 수확기입니다.
시간이 빨라지고 있으며
시간이 빨라진다는 것은
인과의 주기가 빨라지고 있는 시기이기도 합니다.

눈에 보이는 것으로만 보면
우리는 서로 분리되어 있는 것처럼 보입니다.
눈에 보이는 것으로만 보면
우리는 서로 가는 길이 다른 것처럼 보입니다.
눈에 보이는 것으로만 보면
우리는 서로 함께할 수 없는 것처럼 보입니다.

의식의 눈으로
신성의 의식으로 세상을 보면
우리 모두는 분리되어 있지 않으며
하나의 의식속에 있다는 것을 알 수 있습니다.

모든 의식의 근원은 창조주입니다.
모든 생명체들은 창조주의 의식 안에서
마음껏 뛰어놀고 있는 영혼의 여행자들입니다.

모든 생명체들은 창조주의 의식 안에서
하나로 연결되어 있습니다.
모든 영혼들은 창조주의 의식 안에서
동등한 자녀들입니다.
모든 영혼이 집으로 돌아오고 있습니다.

물질의 시대가 끝나가고 있습니다.
영성의 시대가 도래하고 있습니다.
영성의 시대는 연민의 시대가 될 것입니다.

연민이란
사랑과 자비의 기본 토대가 되는 에너지입니다.
연민의 에너지 위에서 사랑의 마음이 태동할 수 있습니다.
연민의 에너지 위에서 자비의 마음이 태동할 수 있습니다.

연민의 에너지는 진흙의 뻘과도 같습니다.
진흙속의 뻘에서 연꽃은 필 수 있습니다.
진흙속의 뻘이 연민의 에너지입니다.
진흙속에 피어있는 연꽃이 사랑입니다.
진흙속에 피어있는 연꽃이 자비입니다.

연민의 에너지는 가장 낮은 곳에 있기에
그림자가 없습니다.
연민의 에너지는 서로 다투지 않고 분별하지 않기에
그림자가 없습니다.

연민의 에너지는 생명과 생명 사이를 이어주는
사다리이며 교차로이기에
어떠한 그림자(부작용)가 없습니다.

연민의 에너지는
의식의 각성을 가져오는 에너지입니다.
나와 의식이 있는 생명체는 연결되어 있으며
나와 감정이 있는 생명체와는 서로 연결되어 있음을
그냥 알 수 있게 해주는 에너지입니다.
연민의 에너지가 있기에
인간은 식물과 교감할 수 있습니다.
연민의 에너지가 있기에
인간은 동물과 소통할 수 있으며 공명할 수 있습니다.
연민의 에너지가 있기에
생명과 생명들이 서로 소통할 수 있습니다.

연민의 에너지는
나와 당신 사이에 존재하는
부정적인 에너지를 정화시켜 주고
긍정적인 에너지로 전환시켜 줄 수 있는 에너지를 말합니다.

연민의 에너지는
생명체들 사이에 존재하는
분리의식 속에서 나오는
두려움의 에너지를 정화시킬 수 있는 에너지를 말합니다.

연민의 에너지는
생명체가 느낄 수 있는 가장 보편적인 사랑의 에너지입니다.

연민의 에너지는
생명체와 생명체 사이에 존재하는
모든 부정적인 에너지를 해소하고
생명체들이 가지고 있는
사랑과 자비의 에너지를
서로 활성화시키는 역할을 하는 에너지입니다.

연민의 에너지는
나와 당신을 서로 하나의 의식으로 만들어 주는 에너지입니다.

연민의 에너지는
생명과 생명 사이를 연결해 주는 에너지이며
공명과 교감을 할 수 있게 하는 에너지입니다.

연민의 에너지는
생명과 생명 사이를 연결해 주는 에너지이며
이해와 용서와 화해를 이끌어 낼 수 있는 에너지입니다.

연민의 에너지는
생명속에 심어놓은 하늘의 마음입니다.
연민의 에너지는
영혼에 새겨놓은 하늘의 마음입니다.

연민의 에너지는
사랑과 자비를 완성시킬 수 있는 에너지입니다.

사랑과 자비의 에너지만으로
우리는 영성의 시대를 맞이할 수 없습니다.
사랑과 자비의 에너지만으로
새 하늘과 새 땅에서 펼쳐질
새로운 정신문명을 건설할 수 없습니다.

사랑과 자비와 연민의 에너지가
서로 조화와 균형을 이룰 때만이
지상의 자미원을 건설할 수 있습니다.

사랑과 자비와 연민의 에너지가
지구 행성에 쏟아져 들어올 예정입니다.
사랑과 자비와 연민의 에너지를 통해
새 하늘과 새 땅에서
새로운 정신문명이 펼쳐질 것입니다.

재난에서 살아남은 인류들은
안전지대인 역장에서
영성의 시대에 맞는
사랑과 자비와 연민의 에너지를 경험하고 배우게 될 것입니다.

인류의 건승을 빕니다.

사람의 마음을 얻기 위해

그대는 지금
자기 자신을 설득하지 못하면서
누구를 설득하려 하는가?

그대는 지금
자기 자신을 이해하지 못하면서
누구를 이해시키려 드는가?

그대는 지금
자신도 이해하지 못한 내용을 가지고
누군가를 가르치려고 하는가?

그대는 지금
자기 자신을 인정하지 않으면서
누군가에게 인정받으려 하는가?

그대는 지금
자기 자신을 인정하지 않으면서

그대는 누구를 진정으로
인정할 수 있겠는가?

그대는 지금
자기 자신을 감동시키지 못하면서
누구를 감동시킬 수 있다고 생각하는가?

그대는 지금
자신과 대화하지 못하면서
누군가와 진정한
대화를 할 수 있다고 생각하는가?

그대는 지금
자기를 먼저 속이지도 못하면서
누군가를 속이려고 하고 있는가?

그대는 지금
자기를 먼저 속이지도 못하면서
타인이 속아주기를 바라고 있는가?

그대는 지금
자기를 먼저 속이지도 못하면서
남의 것을 훔치려 하는가?

그대는 지금
자기 자신을 용서하지 못하면서
누군가를 진정으로
용서할 수 있다고 생각하는가?
그대는 지금
자기 자신을 용서하지 못하면서
누군가에게 용서 받기를 바라고 있는가?

그대는 지금
자기 자신을 믿지 못하면서
누군가를 진정으로 믿을 수 있다고 생각하는가?
타인에 대한 믿음은
내가 나를 믿는 것에서부터 시작된다는 것을
그대는 왜 알지 못하고
그대는 지금
누군가에 대한 믿음이 흔들리고 있는가?

그대는 지금
자기 자신을 믿지 못하면서
누군가가 당신을 믿어 주기를 바라는가?

그대는 지금
자기 자신을 사랑하지 못하면서
누군가를 사랑하겠다고 사랑의 굳은 맹세를 하고 있는가?

그대는 지금
자기 자신을 사랑하지 못하면서
누군가에게 사랑 받기를 원하고 있는가?
그대는 지금
자기 자신을 의지하지 못하면서
누군가를 의지하고
누군가에게 의지하려 드는가?

여리고 여린 인간의 마음으로
믿음을 이야기하고 있는가?

여리고 여린 인간의 마음으로
소망을 이야기하고 있는가?

여리고 여린 인간의 마음으로
지고지순한 사랑을 이야기하고 있는가?

여리고 여린 인간의 마음으로
너무나도 푸른 꿈을 꾸고 있지 않은가?

그대는 지금
가슴을 닫지 못하면서
사랑을 완성하려고 하고 있는가?

그대는 지금
가슴을 닫지 못하면서
사랑을 실천할 수 있다고 믿고 있는가?

그대는 지금
가장 낮은 곳에서 편하게 노는 법을
가장 낮은 곳에서 편하게 사는 법을 배우지 못하고서
하늘의 마음을 얻기 위해 무엇을 하고 있는가?

그대는 지금
사람의 마음을 얻지도 못하면서
자신의 마음을 얻지도 못하면서
신의 마음을 얻기 위해 무엇을 하고 있는가?

그대는 지금
여리고 여린 인간의 마음으로
사람의 마음을 얻어 무엇에 쓰려고
하늘의 마음을 움직이려 하는가?

그대는
여리고 여린 인간의 마음으로
사람의 마음을 모아 무엇을 하려고
사람의 마음을 움직여 무엇을 하려고
신의 마음을 얻으려 하는가?

나를 믿고
나를 사랑하고
나를 의지하는 것이
하늘의 마음을 얻는 것보다 더 중요합니다.

나를 믿고
나를 사랑하고
나를 의지하는 것이
신의 마음을 얻는 것보다 더 중요합니다.

나를 믿고
나를 사랑하고
나를 의지하는 것이
사람의 마음을 얻는 것보다 더 중요합니다.

그대 아직도
여리고 여린 가슴을 닫지 못하면서
사랑의 푸른 꿈을 꾸고 있는가?

그대 아직도
여리고 여린 인간의 마음으로
가슴을 닫지 못하면서
오던 길로 갈 수 있다고 생각하는가?

2019년 1월 우데카

윤 현 애 (1935 ~ 2018)

전남 보성 출생으로
슬하에 5남 4녀의 자녀를 키우셨고
50대부터 종교 단체에서 열렬히 활동하시며
하늘에 대한 믿음 속에서 살아오셨습니다.

82세에 빛의 생명나무에서 공부를 시작하여
노구에 아랑곳없이 매 주말 빠지지 않고
광주에서 청주까지 버스를 타고 오셨으며
진리에 대한 열망속에 배움의 희열을
젊은 동료들과 함께 할 수 있다는 것에 항상 즐거워하셨습니다.

누구보다 순수한 하늘에 대한 믿음과
동료들에게 보여준 따뜻한 어머니의 마음은
모두에게 귀감이 되었으며
84세의 연세로 삶을 마치고 떠나셨습니다.
고인의 장례식에서 채널러를 통해 나의 삶이 이러했음을
"불꽃"이라는 노래로 메시지를 전달하셨습니다.

불꽃

정미조

언제부턴지 내 가슴속엔

꽃씨 하나 심어졌었지

가을 지나듯 봄이 오더니

어느 틈에 싹이 돋았지

바람 불어 잠 못 자던 날

웬일인지 가슴 뛰던 날

아아~ 꽃은 피었지

뛰는 가슴에

불꽃처럼 피었지

사랑의 꽃 행복의 꽃

생명의 꽃 영원의 꽃

나는 타오르는 불꽃 한 송이

<사람의 마음>은 빛의 생명나무 회원이셨던
윤현애님이 기탁하신 기금으로 출판되었습니다.
윤현애님이 베풀었던 그 마음에 감사함을 전합니다.

사람의 마음

2020년 1월 21일 초판 1쇄 인쇄
2020년 1월 29일 초판 1쇄 펴냄

지은이 | 우데카
펴낸이 | 가이아

펴낸곳 | 빛의 생명나무
등 록 | 2015년 8월 11일 제 2015-000028호
주 소 | 충북 청주시 청원구 직지대로 855 2층
전 화 | 043-223-7321
팩 스 | 043-223-7771

ISBN 979-11-89980-03-0 03200
• 잘못된 책은 바꾸어 드립니다.   • 책값은 뒤표지에 있습니다.